日本人が知らない世界標準の働き方

谷本真由美
@May_Roma

PHP

はじめに

日本のバブルが崩壊してから、もう20年以上になります。戦後の高度経済成長期と、バブル時代の日本人は、土日も働くのが当たり前。お金はあるけれども長期休暇を取るのはご法度で、たまっていくお金は、新築住宅ローンの支払いに消えていく、というのがサラリーマンの普通の生活でした。

過労死は恥ずかしいどころか、名誉の戦死であり、職場で亡くなった人のことが「美談」として語られる有り様。そんな日本人は、多くの先進国の人々からは「エコノミックアニマル」と呼ばれていました。「カローシ」や「サラリーマン」は、海外の辞書に掲載されるような国際語になり、現代の日本人を代弁する言葉となりました。

景気の良かった頃は、そんな働き方をする理由がありました。働けば働くほど給料は増え、雑誌や新聞は、「株価が上がった」「新製品が登場した」「日本企業がロックフェラーセンターを買収した」というニュースで溢《あふ》れかえっていたからです。未来は明るく、誰もが、未来の生活は良くなる一方だ、と信じていた時代でした。

しかし、1990年代半ばを境に、日本の「働き方」をめぐる環境は激変していきます。バブル崩壊の影響が顕著になり、徐々に景気が悪くなっていきます。人件費を抑制したいが、中高年の雇用を守りたい企業は、新卒の若い人を正社員採用する代わりに、非正規雇用の人を増やして人件費を抑制します。正社員になれなかった人たちは、キャリアや仕事のスキルを積み上げていく機会も、終身雇用の権利も得られず、「ロストジェネレーション」として、中流階級から脱落していきます。

メディアには、倒産や解雇、介護自殺、非正規雇用増加のニュースが溢れるようになる一方で、中国やロシア、ブラジル、東南アジアなどの新興国の景気の良い話が流れるようになり、日本の停滞との差がはっきりするようになります。

書店の書架には、自己啓発本や、生活保護を受給する方法などの、「切羽詰まった人たち」向けの本が溢れます。流行《はや》るのは、100円ショップ、牛丼屋、ファストファッションの店ばかりで、バブルの頃には高級品が飛ぶように売れていたことを知っている若い人は、今や少数派です。

日本が直面する経済環境や、世界の情勢は大きく変化しているのにもかかわらず、日本人の働き方は、高度成長期の頃とほとんど変わっていません。ネットで様々な仕事ができるようになった時代だというのに、いまだに大多数のサラリーマンは電車や車で、物理的に通勤しています。さらにコロナ禍だというのにもかかわらず、出勤を強要する企業も少なくないのです。

会社の人事の仕組みは高度成長期のままです。終身雇用で長年勤務しなければ、高い報酬を得られない仕組みになっています。非正規雇用だと、報酬は正社員と大きな差があります。若い人は、今の中高年の数倍努力しなければ、正社員になれないので、英語やスキル磨きに熱心な一方、パソコンで書類さえ作れないような人が、正社員として居座り高い給料をもらっています。家族の形態が多様化しているのに、会社や政府はいまだに婚姻した夫婦と子供、という家族のあり方が「普通」だと考えていて、税金や手当の仕組みは「普通」の家族をベースにしています。

日本以外の先進国では、会社というのは、ギグ（コンサート）のために腕利きミュージシャンが集められたような、ゆるい組織です。転職を繰り返すのが当たり前なので、重要なのは会社名よりも、何をやったか、です。採用はその人のスキルごとなので、社歴や学校名はあまり関係がありません。正社員と非正規雇用の境目は曖昧《あいまい》で、正社員の管理職以上の報酬を得る非正規雇用のコンサルタントや技術者が大勢います。

税金や手当は、家族ではなく個人が対象です。こういう働き方が世界の先進国の主流になっているのに、日本だけがまるで1960年代のような働き方をしているのです。

問題は「外部環境の変化」なのに、「自分に問題がある」と思い込んでしまうから、日本では、「働き方」で悩む人が多いのです。

私は日本とヨーロッパを往復する生活をしているので、日本と、その他の先進国の働き方のギャップのすごさを肌で感じています。本書の目的は、「働くこと」に対する日本の皆さんの悩みは「外部環境の変化」によるものであり、決して「自分に問題がある」つまり自分自身が悪いわけではないこと、そして、激変する世界情勢の中で、食べていくために、何をするべきか、を浮き彫りにすることです。

最後に、これは私事になりますが、私の家族や親類、実家の近所の方の中には、猛烈サラリーマンだった方が少なくありませんでした。彼らは日本の典型的なサラリーマンやワーキングウーマンとして、高度成長期からバブル崩壊前後まで、長期休暇も取らずに何十年も働いてきました。

しかし、その結果、脳梗塞《のうこうそく》で倒れた末に重い認知症を患ったり、精神を病んだり、心臓を悪くしたり、ガンでなくなってしまったりする人もいました。明るい未来を信じて、何十年も会社や役所にご奉仕した結果は、病気の体や、子供も友達もわからなくなってしまう老後です。

実はコロナ禍の最中の2021年1月に、人生のほとんどを「カイシャ」に捧げてきた父が10年以上に及ぶ認知症の末に、誤嚥《ごえん》性肺炎で亡くなりました。イギリスでは新型コロナウイルスの変異株が発生したために、私は帰国することができず、親の死に目にもあえませんでした。葬儀は弟と母のたった二人だけの参列で、LINEで中継してもらい、私は自宅のiMacから父の最期の姿を見届けました。まるでVTuberのライブを見ているようでした。

何十年も仕事に捧げた結果がこんなに寂しい最期です。認知症になった理由は激務の最中に倒れて脳挫傷を負い、その後細かい脳梗塞を発症したことです。長年の無理がたたりました。一生懸命稼いだお金は介護の費用に消えてしまいました。

仕事なんか適当にやって、毎日定時に家に帰ってきてテレビの前で酒でも飲んだくれていてくれたらどんなに良い人生だったかと、今になって思います。大きな家も新車も習い事も、本当は必要なかったのです。「カイシャ」にどんなにご奉仕しても仕事が終わればハイそれまでよで、お付き合いもなく、実に寂しいものです。人生の大半を捧げてきたあの仕事の時間は一体何だったのでしょうか？　あんなに働かなければ倒れることもなかっただろうし、介護の費用だって必要なかった。その辺で畑でも耕して、ダラダラと暮らしていた方が生活の質ははるかに高かったでしょう。結局豊かさとは何なのか、ということです。

このような悲惨な例を実際に見ているからこそ、自分の人生を本当に豊かにするには、どのように働くべきか、若い方にこそ考えてほしいと思う次第です。この体験が、私が書籍やネットで執筆する原動力になっているのです。

2021年3月　谷本真由美

日本人が知らない世界標準の働き方　目次

第1章
「働き方」に悩みまくる日本のサラリーマン

第2章 あなたが悩むのはニッポンの「働く仕組み」がおかしいから

第3章 働き方の激変はグローバルな潮流

第4章

生き残りたければ「自分商店」を目指せ！

第5章 来るべき時代に備えよ

ブックデザイン　小口翔平＋畑中茜＋須貝美咲（tobufune）
本文図版　株式会社ウエイド

第1章

「働き方」に悩みまくる日本のサラリーマン

「働き方」＝「自分の生き方」か？

私はもともとバックパッカーで、高校生の頃から台湾やネパール、中央アジア、東南アジア、ロシアなどに渡航を繰り返す生活をしていました。

日本の大学を卒業すると、修士号を取得するためにアメリカに留学しました。アメリカでは、ワシントンD.C.のデュポン・サークル駅近くのK通りにあるロビイストのところで、インターンとして働きました。日本ではインターネットベンチャーでインターネットメディアの事業企画を担当したり、コンサルティングファームで働いたりしました。

そしてイタリアに渡り、国連専門機関で情報通信官というITの専門家として働きました。その後日本やイギリスにある金融機関や調査会社などで働き、現在は、日本と海外を往復する生活を送っています。

本業はITガバナンス（ITサービスをどのように統括し、マネージするか）、サービスレベルの管理（ＩＴシステムの品質を調整する）、システム監査（ＩＴシステムがきちんと機能するかどうか検査する）、システムのリスク管理（ＩＴシステムに問題が起きることを事前に防ぐ）、オフショア管理（ＩＴシステムを外国で動かし、管理する）、ＩＴおよび通信市場や規制の調査など、「国際」「インターナショナル」などの言葉の響きに比べたら、随分地味な仕事です。

ただし、ＩＴや通信の世界というのは、世界中どこにでも仕事があり、今や国境がない仕事です。お客様、同僚、外注会社などは世界中にあります。一国だけで完結するプロジェクトの方が少ないほどなので、地味な分野ながら、その内容は大変インターナショナルです。

また、様々な国や組織の人が関わる仕事なので、考え方の違い、やり方の違い、労働慣習の違いなどから、モメごとが起こることもあります。そのようなモメごとが起きた時に、根気よく交渉をしたり、双方の立場を取り持って、妥協点を見つけたりするのも私の仕事の一つです。

そのように、様々な国の人がいる環境で働いてきたからか、アメリカ、日本、イタリア、イギリスで、駐在員や派遣研究者としてではなく、現地の組織に直接雇われて働いてきたという人があまり多くないからかどうか知りませんが、ここ数年では、Twitter経由で、見ず知らずの人から、「仕事」に関する質問をもらうようになりました。時間が許す限りではありますが、本業や育児のかたわら、書籍やネットで回答しています。

本業に関して質問してくる方もおられますが、分野がニッチなのでその数は多くはありません。なぜか、質問の多くは「働き方」や「働く意味」についてです。多くの人からいただく質問は以下のようなものです。

「残業が多いがどうしたらよいか」
「給料が安いのが不満だがどう交渉するべきか」
「通勤が苦痛だがどうしたらよいのか」
「職場での女性差別がきついが、なぜ女性がこんなに差別されるのか」

しかし、よくよく話を聞いてみると、質問してくる方の多くは、「働き方」や「働く意味」について質問することで、**「自分の生き方」＝「自分のあり方」について考えたいようなのです。**「残業が多いがどうしたらよいか」「給料が安いのが不満だがどう交渉するべきか」というのは、実は本論ではなく、多くの方は、もっと深い悩みを抱えているようなのです。

その「深い悩み」とは一体なんなのでしょうか。またそれは一体何が原因なのでしょうか？

日本で異様な人気の『ワーク・シフト』

いまから10年近く前の2012年にベストセラーになった本に、ロンドン・ビジネススクールのリンダ・グラットン教授の『ワーク・シフト』という書籍があります。これは「今後の働き方」の予測を書いた、「働き方」そのものズバリ、に関する本です。この本を要約すると、世界では労働のあり方が大きく変わっており、労働者は一握りの高所得者と、それ以外の人に分かれていく。その理由は、産業構造の変化である、という主張が主なテーマになっています。

主張されていることは、経済学者が主張していることと同じなので、産業構造の変化や労働市場をウオッチしている人には画期的な目新しさはありませんが、一般向けの書籍として書かれた、という点に大きな意味があります。それまでおぼろげに「こうだろうな」と思っていたことが、文字で説明されたからです。

グラットン教授の書籍は、海外でも一時話題にはなりましたが、日本のように大衆化していないところが違う点です。

例えば、英語圏では『ワーク・シフト』が取り上げられたのは、「The Financial Times」のような高級紙や、上級管理職向けのマネージメントに関する雑誌です。

高級紙というのは、企業の上級幹部や上級管理職、ごく一部の金融や知識産業にしか従事していない人が読む新聞や雑誌のことです。

北米もイギリスもオセアニアも、日本と比べて階層がはっきりしている社会です。サラリーマンを例にあげると、管理業務に従事する層と、それに従う層、さらに専門職の間に垣根が存在することは、入り口の時点ではっきりしています。**報酬は在籍年数や年齢で自動的に決まるわけではなく、あくまで「何ができるか」という「職能給」です。**ですから、管理業務の人、それに従う人、専門職の人の報酬にも大変大きな開きがあります。

また、それらの人々は、教育レベルにも乖離《かいり》がありますので、「サラリーマンがみんな日経のような新聞を読む」「取締役も平社員も情報システム部の研究担当のエンジニアも、みんな同じビジネス書を読む」ということが起こらないわけです。

amazonのレビューを見ても、英語圏では日本とは大きな違いがありました。2015年5月の時点で、amazon USAでのレビュー数はわずか10件、amazon UKでは19件。日本の場合は、労働問題のベストセラーであり、レビュー数は112でした（2021年2月現在ではレビュー数は250件を超え、いまだに労働問題ジャンルの上位と、関心は高いままです）。

日本では発売当初の動きも大変なものでした。グラットン教授は自身のブログで、「日本では『ワーク・シフト』が2カ月で5刷、3万4000部が市場に出回っています！」と述べていました。かなり興奮した調子で書いてあるので、おそらく他の国ではここまで急激に売れなかったのでしょう。

英語圏では社会現象となるようなことはありませんでしたが、日本では出版からしばらく時間が経っているにもかかわらず、大変な人気です。例えば、大手企業が開催する教授の講演会は大人気です。コクヨグループのコクヨファニチャー株式会社は、2014年に都内で講演会を実施しています。ダイヤモンド・オンラインでは、「『ワークシフト』著者リンダ・グラットン教授が語る『2025年、日本人が孤独で貧困な人生を迎える可能性』」（http://diamond.jp/articles/-/31505）という記事が掲載されています。

欧州では『ワーク・シフト』はどう読まれているか？

日本ではグラットン教授の書籍へのネガティブなコメントはあまり目立ちませんが、英語圏では、著書の内容の矛盾を指摘する人もいます。

教授は書籍の中で、将来的に稼げるようになるのは、高い教育を受け、特殊技能を持った一部の人たちであるとしています。また、そのような人々を、適切な職務と組織に送り込む、リクルーター（高度人材に特化した人材派遣会社や個人。プロ野球のスカウトに近い）の役割が高まる、と述べています。

ところが、社会学者や経営学者は、働く人誰もが利益を最大化することを求めているわけではないので、教授の説はそういった心理的な側面を十分考慮していないとしています。

例えば、芸術家、地方公務員、保育士、教師、牧師、チャリティー（非営利団体）の職員、消防士、警察官、軍隊などの中には、**金銭的利益よりも、自分が住む地域への貢献**

や、心理的充足感を重視する人々がいます。イギリスや欧州では、今でも、教会を媒介とするコミュニティ活動や、心理的な充足感を得るために仕事を選ぶ人たちもかなりいるので、そのような生活の実態を無視しているというのです。

また、教授の視点は、国内や地域内で完結する仕事、例えば、医療、介護、配管、市場、牧場などの仕事を考慮しておらず、多くの仕事について、金融や通信業界のように、世界中どこでもできるようになると書いてあることから、極論である、とする人々もいます。仕事の心理的な側面や、コミュニティにおける役割は、社会学者や経済学者が長年研究しているのですが、そのような研究結果も考慮すべきであるという声もあります。

教授はそのようなリクルーターや、タレント（才能がある人々の意味）を管理する人たちを養成する講座の教鞭をとっています。

ロンドン・ビジネススクールは、イギリスのトップビジネススクールであり、ロンドンの主要産業は金融であることから、そのようなトレーニングを受ける人々も、教鞭をとる人たちも、金融業界に深く関わっています。ロンドンに限らず、英語圏の金融業界のトップのトップである投資銀行やファンド管理会社は、リスクを考慮せずに強引なビジネスをすることで、リーマンショックを引き起こし、社会に大混乱を招きました。金融業界において「優秀」とされる人々の能力やモラルは、厳しい批判に晒《さら》されています。

そのような人々が、今よりもさらに莫大な報酬を得る仕組みが今後も継続するのかどうかは疑問視されています。欧州の政府の中には、金融業界関係者の報酬の上限を決めるべきだ、と主張している人々もいるのです。また、金融関係者が利息を不正に操作したり、消費者に必要がない保険を販売し、それを隠していたというスキャンダルも発覚しました。それらを考えて実行することを決めたのは、教授が指摘する「優秀な人々」なのです。

彼らは不正交じりの仕事をして、医師や技術者のように社会に貢献する仕事をしている人々の、生涯年収の数百倍、数千倍を稼ぐのです。このような人々を「優秀人材」と呼び、彼らがさらに富む世界は、継続性がないのではないか、と言っている人々もいます。また、そのような人々を企業に紹介するリクルーターの役割も、それほど尊敬されているわけではありません。

グラットン教授が2003年以前に発表している研究論文は、掲載のかなり困難な学術誌に掲載されていることから、当時の教授は素晴らしい研究を行っていたようです。

例えば、2003年には“Managing Personal Human Capital: New Ethos for the ‘Volunteer’ Employee”という論文を、「European Management Journal」という学術論

文誌に掲載しています。この論文誌は、経済論文の審査が大変厳しいことで有名です。その厳しい審査を通過したということは、それだけ質の高い研究であるということです。1991年には、"The impact of personnel selection and assessment methods on candidates"という論文を、「Human Relations」誌に掲載しています。この論文誌も審査が厳しいことで有名です。

2007年以後は、学術誌への掲載がぐんと減っています。その代わりに、「Harvard Business Review」「MIT Sloan Management Review」のように、学術的な評価よりも、自身の一般的な知名度を上げることにより、民間企業や政府からコンサルティング業務が受けやすくなる媒体や、「The Wall Street Journal」「The Times」など、一般向けの新聞や雑誌で記事を掲載することが増えています。また、一般向けの書籍の出版も増えました。一般的に、一般読者向けの書籍や記事というのは、データの正確性や学術的な意義は抑え、センセーショナリズム（衝撃性）を強調します。つまり、社会の状況を丹念に調べるよりも、驚くような主張や、びっくりするようなアイディアを提唱する方が受けが良いわけです。

このような傾向があるため、教授は、イギリスの経営学会では、日本で想像されるレベルでの有名人ではなく、コンサルティングや知名度の向上に熱心であるようだ、という見方もされています。ビジョンとしては面白く、大変良い本の一つである『ワーク・シフト』が、英語圏での批判や評判に反して**日本でこれだけ売れるというのは、「働き方の未来」を恐れている人が、日本には潜在的に多い**、ということなのでしょう。**仕事というものが、日本の働く人にとって、どれだけ重要なことなのか**、ということを象徴しています。

『ワーク・シフト』は、英語圏では「面白い本」という扱いではありますが、あくまで「一つの意見」というふうに考えられています。英語圏では、自分の未来を必要以上に悲観的に見る人が少ないのです。

かつての日本では「働き方」の本は売れ筋ではなかった

日本人が「仕事」を心配するように変遷してきた様子は、過去のビジネス書のベストセラーを見ると、よりはっきりとわかります。例えば、日本の景気が悪化して就職氷河期だった1997年のビジネス書ベストセラーを見てみましょう（図1）。

まず、堺屋太一氏の『「次」はこうなる』や、日下公人氏の『これからの10年』、日本経済新聞社編の『2020年からの警鐘（1・2）』といった、将来を予測し、世界の潮流を俯瞰《ふかん》する本がランキングに入っています。

今のベストセラーに比べると、まだ、将来に備えてなんとか頑張ろう、という気力がある人が多かったのかもしれません。こういう未来予測本に書いてあることは、今と比べてどうなのか、実証してみると面白いかもしれません。

仕事のノウハウを書いた本も、最近のベストセラーよりも包括的です。例えば、長谷川慶太郎氏の『情報力』は、効率的な情報管理の方法を伝える本です。2020年のベストセラー『人は話し方が9割』や『「気がつきすぎて疲れる」が驚くほどなくなる「繊細さん」の本』などに比べると、「今すぐどうにかしたい」という切羽詰まった感じがありません。

バブルが崩壊して10年ほど経っていましたが、この頃は、まだまだ日本経済は復活すると、ノホホンとしていた人が少なくなかったのでしょう。

景気が良かった頃の日本人は世界と未来を見ていた

バブル崩壊直後、1990年のビジネス書ベストセラーを見ると、もっと面白いことがわかります（図2）。1990年というのは、世界はまだソ連の崩壊や天安門事件の衝撃がリアルタイムで、日本ではバブル崩壊が始まった頃です。ビジネス書のランキングなのにもかかわらず、『日はまた沈む』『国際情報 Just Now』『1990's 世界はこう動く』『1990年版　長谷川慶太郎の世界はこう変わる』『全予測90年代の世界』など、世界情勢の動きを予想する本がランクインしていることに驚かされます。

アルビン・トフラー氏の大ベストセラーである『パワーシフト（上・下）』もランクインしています。この書籍は、世界の権力が、物理的な物やお金から、知識へ移行していくと予測したものですが、今読むと、その予測が当たっていることに驚かされます。政治や歴史の流れをダイナミックにとらえた書籍が売れていたのです。

図1 1997年 年間ベストセラー【単行本・ビジネス書】

順位	書名	著者	出版社
1	7つの習慣	スティーブン・R・コヴィー／川西 茂 他訳	キング・ベアー出版
2	「次」はこうなる	堺屋太一	講談社
3	「考える力」をつける本(1・2)	轡田隆史	三笠書房
4	2020年からの警鐘(1・2)	日本経済新聞社 編	日本経済新聞社
5	全脳時代	七田 眞	総合法令出版
6	これからの10年	日下公人	PHPソフトウェア・グループ 発行 PHP研究所 発売
7	好き嫌いで決めろ	河上和雄	日本テレビ放送網
8	最新版 一目でわかる企業系列と業界地図	大薗友和	日本実業出版社
9	この一粒の知恵の種	船井幸雄	三笠書房
10	情報力	長谷川慶太郎	サンマーク出版 発行 サンマーク 発売

トーハン調べ 集計期間＝1996年12月〜1997年11月
http://www.tohan.jp/pdf/1997_best.pdf

ベストセラーに、落合信彦氏の著作が2冊も入っていること、長谷川慶太郎氏や堺屋太一氏が入っていることにも注目すべきでしょう。当時は、耳当たりの良いことを言う人々ではなく、「世界的に活躍していそうな人」や「経済学や実務の世界で、実績がある人」がオピニオンリーダーだったのです。

このように、バブル崩壊時の売れ筋ビジネス書は、仕事術や自己啓発ばかりの今とは随分違います。このうち何冊かは、歴史や世界情勢の基本的な知識がなければ理解が難しく、文字数も多い書籍です。今のような大きな文字で、スカスカの内容のビジネス書と比べると、大人が読む本と、中学生が読む本程度の開きがあります。

昭和恐慌の頃よりは絶望していない日本人

バブル崩壊後の日本以上に経済が悲惨だった、大恐慌の頃の日本のベストセラー（図3）はどうだったのでしょうか？

図2 1990年 年間ベストセラー【単行本・ビジネス書】

順位	書名	著者	出版社
1	日はまた沈む	ビル・エモット／ 鈴木主税 訳	草思社
2	国際情報 Just Now	落合信彦	集英社
3	1990's 世界はこう動く	落合信彦	集英社
4	経済頭脳を持っているか	長谷川慶太郎	青春出版社
5	日本は悪くない	ビル・トッテン／ 高橋呉郎 訳	ごま書房
6	1990年版 長谷川慶太郎の 世界はこう変わる	長谷川慶太郎	徳間書店
7	全予測90年代の世界	牧野 昇 三菱総合研究所	ダイヤ モンド社
8	新規の世界 転機の日本	堺屋太一	実業之 日本社
9	パワーシフト(上・下)	アルビン・トフラー／ 徳山二郎 訳	扶桑社
10	入門の入門 経済のしくみ	大和総研	日本実業 出版社

トーハン調べ
http://www.tohan.jp/pdf/1990_best.pdf

1929年というのはニューヨークの株式市場が大暴落し、世界大恐慌が始まった年です。この頃の日本は大正から昭和に移行したばかりでしたが、都会も農村も不況の影響を受けており、失業者が溢れていました。大卒の就職率は12％で、当時は数少なかった知識層の就職先も限られていました。その状況を皮肉るように、1929年には小津安二郎監督の映画『大学は出たけれど』が公開されています。これは、大学を卒業したが、職がない若者のことを、コメディタッチで描いた作品です。農村では食べていくことができないほどの貧困が蔓延《まんえん》していたので、都会へ流入する人が増えていました。流入を減らすために、政府は、新聞に「東京に来たら餓死します」という広告を出すほどでした（http://syowakara.com/03syowaA/03history/historyS05.htm）。

農村の貧困を反映しているのか、当時の日本人の平均寿命はなんと42・3歳です。

1931年には、東京飯田橋の職業紹介所に募集が出た1500名余りのデパートの求人に1万人超が応募し、警察が出動する大騒ぎになった事件がありました（http://shokugyo-kyokai.or.jp/shiryou/gyouseishi/04-1.html）。また、労働争議（スト）も多く、地下鉄、建設現場、道路工事、工場など、様々な職場で大規模な労働争議が起こることが当たり前でした。同じ年には満州事変が勃発します。

図3 1929年 年間ベストセラートップ5

順位	書　名	著　者	出版社
1	西部戦線異状なし	レマルク／秦 豊吉 訳	中央公論社
2	母	鶴見祐輔	講談社
3	東京行進曲	菊池 寛	春陽堂
4	太陽のない街	徳永 直	戦旗社
5	蟹工船	小林多喜二	戦旗社

『定本ベストセラー昭和史』(塩沢実信編・展望社)より　http://www.1book.co.jp/001846.html

『西部戦線異状なし』は、ドイツのエーリッヒ・マリア・レマルクの長編小説です。

第一次世界大戦で西部戦線に投入されたドイツ兵の体験を描いた作品ですが、戦争に突入していく日本の将来を暗示するような作品です。このような外国文学が最も売れていたというのは、当時は、今よりも書籍が高かったことや、本を読む層が今よりも少なく、インテリ層に限られていたのを反映しているのでしょう。

『東京行進曲』は、貧しい娘と富豪の子息との間の恋愛を描いた作品で、当時の社会の階級や矛盾が描かれています。失業者が溢れ、貧困層が増えていた世相を反映しているといえるでしょう。『太陽のない街』

『蟹工船』は日本を代表するプロレタリア小説です。都会の貧民窟、労働者の搾取、タコ部屋、労働争議など、当時の労働者の生活の実態が描かれており、小説というよりもルポルタージュに近いものです。

このような小説を発表することが可能だった日本では、まだ言論の自由があったのですが、その後、特高警察による監視が厳しくなります。『蟹工船』の著者・小林多喜二は特高警察の拷問により亡くなります。

このように、戦争を危惧する書籍や、社会の暗黒部を描く書籍がベストセラーになっていたことから、当時の日本では、社会に絶望している人、希望を見出せない人が少なくなかった、ということがわかります。今の時代も大変ですが、当時は、比較にならないほど社会に閉塞感が漂っていたということです。

自分に自信がない日本の人々

最近のビジネス書のベストセラーを見ると、ビジネスのノウハウ本を読んで、なんとか自分を高めようと考えている人が少なくないことがわかります。

つまり、大恐慌の時代ほど社会には絶望していないのですが、**就職氷河期が始まった頃や、バブル崩壊直後に比べると、明らかに切羽詰まった人が増えている**のです。俯瞰《ふかん》的な社会の先行きや、外国のことに興味を持つ人は、昔に比べると多くはありません。内向きな考え方の人、臭いものには蓋《ふた》をしたい人が増えています。日本で最近人気のテレビ番組が、日本の小売店の些《さ》細《さい》なサービスを外国人が褒め称《たた》えるもの、海外と日本を比較して「日本の方がすごい」と自信満々で伝えるものが増えていることからもわかります。

景気の良かった頃は、外国のことを知って、ビジネスや経済に役立てようと考える人が少なくなかったのですが、最近では、諦めモードの人が多く、日本はすごいと空《から》威張りしたい人が増えているのです。外のことを耳に入れなければ、日本のダメな状況を認識しなくてもすむからです。つまり、自分に自信がなくなっている人が多いのでしょう。

大変興味深いのが、自分の心を鼓舞するような、ビジネス書の体裁をした自己啓発本の売れ行きが上がっていることです。大恐慌の時代ほど絶望はしていないが、**「働き方＝自分のあり方」に悩んでおり、日々、自分の弱った心を勇気づけて、「私はできる」と言っていなければ、やっていられないという人が増えているのかもしれません。**

日本人は向上心がありすぎるから悩んでしまう

日本人はなぜこんなに「働き方」で悩んでいるのでしょうか？

これまで見てきたように、就職氷河期の日本人は、まだ社会に希望を抱いていました。仕事術を学ぶ本にしても、切羽詰まった感じのものは人気がありませんでした。**今は、とにかく早く、簡単に、自分の能力を高めたい**、というものが売れています。

バブルの頃は、世界情勢や経済を学び、それらをいかに将来に生かすか、自分のビジネスに繋《つな》げるかという、自信に満ちた考え方をする人々が多かったようです。テレビには、落合信彦氏が登場し、イスラエルでモサドやCIAと空手で戦った話をしていたのです。対談番組には竹村健一氏が登場し、佐藤優氏よりも、100倍ぐらい上から目線の世界情勢を語っていたのです。そういうふうに、ダイナミックな世界の話に人気があったのです。話の内容が嘘か本当かよりも、ダイナミックな世界のことを知り、日本がその世界の中にいるのを感じることで、高揚感を得る人が少なくありませんでした。

デパートのお惣菜売り場のサラダの盛りつけ方がすごいから「日本は世界一」と自慢する、今のテレビ番組のみみっちさとは、比べものになりません。当時は、モサドの話を聞くのが忙しくて、「働き方」にネチネチと悩む暇がなかったのです。それに、飲み会やディスコに通うので大忙しでした。

昭和大恐慌の頃でさえ、人々は社会に怒りはしても、「働き方」には悩んでいませんでした。当時の日本の人々は、社会、政府、資本家、階級を憎んでいました。映画や雑誌はそんなものをユーモラスに批判し、不満がある労働者は労働争議を起こしていました。つまり、**怒りが「外部要因」＝「自分ではどうにもならないもの」に向かっていた**のです。

ところが、**今の人は、社会への怒りや不満を「自分」に向けています。**「自分」がダメだから今すぐ変わりたい、優れた人のことを真似して「自分」が変われば幸せになれる、就職できないのは「自分」が無能だから、「自分」が学べばなんとかなる……。

しかし**本当は、「自分」がダメな理由、仕事で悩む理由は、今の自分が置かれた状況を作っている人や、それを支える「仕組み」なのです。つまり、自分ではどうにもならないこと＝「外部要因」が、自分の悩みの原因なのです。**それに気がついていない人が多すぎるのが、日本の問題です。次の章では、その外部要因とはなんなのかを説明します。

COLUMN

イギリスの大学教授が「働き方」の本を書かない理由

日本では大学の教員が、新書やハードカバーのビジネス書を書くことが少なくありません。「働き方」に関する本を出版されている先生も大勢います。出版社側にとっては、執筆のプロに、質の良い本を、安い印税で書いてもらえる上、大学の研究で蓄積した知識や見識を提供してもらえるので、大変ありがたい話です。大学の教員側もまた、一般向けの書籍や記事を出版することで、自分の知名度が上がります。また、印税や原稿料が入りますので、おこづかいが増えます。

ところが、イギリスや欧州大陸では、そういう大学教員が書いたビジネス書を書店で探すのが大変です。日本のように、そもそも新書というものがないのですが、カジュアルなビジネス書というものの需要がありません。さらに、教員側にも、そういう本を書くメリットがないのです。

イギリスの大学は、ごく一部を除き、ほとんどが国立なので、研究者は公務員です。しかし、国立大学教員とビジネスの兼業は許されています。教員の中には、不動産事業を営んでいる、独立コンサルタントとして民間企業や政府へのコンサルティングをしている、大手企業の社外取締役をしている、という人がいます。副業の報酬は、すべて自分の収入になる場合もありますし、大学によっては、その一部（例えば40％）が大学の収入になります。

やり手の先生の場合、その収入が大学の給料を上回ります。さらに、兼業により民間企業とコネを作ると、さっさと大学をやめてしまい、民間企業に転職します。

ただし、大半の大学は、兼業を推奨しているわけではありません。大学の運営資金や研究資金は、国の税金により賄《まかな》われています。国は、その大学の研究実績、つまり、学術誌に発表した論文の質と数で大学のレベルを評価し、資金の割り振りを決めます。どこの大学も大学の学術レベルの向上に躍起になっているため、先生たちにアルバイトに熱心になられるのは困るわけです。

イギリスの大学では、その研究者の実績は、どの学術論文誌に何本の論文を掲載したかで決まります。どこかの大学に転職する場合、真っ先に評価されるのは論文の質とその数です。一般の新聞に記事を掲載したか、一般向けの講演会を実施したか、一般向けの書籍を出版してそれが売れたかどうかは、その人の学説や研究が優れているという評価の基準にはなりません。

むしろ、一般の人向けの本を出したり、記事をたくさん書いたりすることは、**「その道の素人である一般の人に、適当なことを言って儲《もう》けようとしている、マネーモチベーション（お金を稼ぎたいと思う気持ち）の強い人」として、軽蔑される傾向さえあります。**

昇進や昇給交渉でも参考にされるのは論文の質とその数です。論文を書けない研究者は、降格になります。最悪の場合は、大学をクビになります。イギリスの大学はほとんどが国立ですが、終身雇用が保障されているわけではないのです。

学生が集まらないので学費で運営予算を充当できなかったり、思ったほど政府から研究予算を取ることができなかった場合は、学部ごとお取り潰し、研究室ごとリストラ、ということがよくあります。日本の大学のように、大学の紀要にしか論文を発表したことがない人、論文をまったく書いていない人、研究できない人が大学に残るというのは大変難しいシステムになっています。

そのため、イギリスでは、日本のように大学教員がクイズ番組のレギュラーになったり、科学的な根拠が不明瞭な健康本を出したり、適当なことを書いたビジネス書を出すということがないのです。

日本も国民の知能を改善したいのであれば、まったく研究できない大学教員をテレビに出して、権威のように崇《あが》めるのをやめるとよいでしょう。日本では、国立大学にも私立大学にもたくさんの税金が使われていますが、研究のできない人たちが、税金を無駄遣いしているのは、まことに嘆かわしいことです。

第2章

あなたが悩むのは
ニッポンの
「働く仕組み」が
おかしいから

実は仕事が大嫌いな日本人

日本の働く人々は、働き方に悩んでいます。その悩み方は、大恐慌の嵐が吹き荒れた1930年代よりも深刻です。多くの人は悩みや怒りの矛先を自分に向けて、健康を害したり、自傷行為に及んだり、最悪の場合は自殺してしまいます。

ところで、そもそも人間は働くことが嫌いです。そんなふうに働くことに悩んでいる日本人は、実は他の国の人々よりも仕事が嫌いです。そんな日本人の「真意」を知るには、不特定多数の人々が参加した、意識調査の結果を見るとよくわかります。

各国の社会科学の研究者が参考にする、学術的仮説を様々な国の調査データから証明するために始めた「世界価値観調査」（World Values Surveys）があります。それは、世界100カ国以上の人々に対して調査を実施しています。

1981年から実施されているこの調査が大変ユニークなのは、様々な国の人に対して

「何々をどう思いますか?」という同じ質問を、数年間にわたって行っていることです。年ごとの違いや、国による違い、地域による違いがよくわかります。

「仕事」に関しても様々な調査が実施されていますが、以下は、2014年度版の「生活における余暇の重要性」(図4)という、質問に対する各国の回答です。

日本の場合、42・3%の人が「大変重要」と答え、「まあ重要」の人も含めると、余暇が重要と考える人は、88・4%です。

一方、アメリカの場合、「大変重要」と答えた人は38・9%であり、「まあ重要」と答えた人も含めると、余暇を重要と考える人は90・5%です。スウェーデンは、53・6%、スペインは44・8%が「大変重要」と考えており、日本に近くなっています。

「仕事命なのではないか?」と思われる日本人の方が、アメリカ人よりも余暇が大変重要と考える人が多く、労働時間が短く休暇の長い、スペインやスウェーデンの人たちに近い、という結果です。新興国であるインド、ロシア、中国は、先進国に比べ、余暇を重視しない人が多いようです。

同年度の調査の「生活における仕事の重要性」(図5)という質問に対する回答を見てみましょう。この結果が面白いのは、余暇が重要だと答えている国の人々は、仕事も重要

図4 生活における余暇の重要性(2014年)

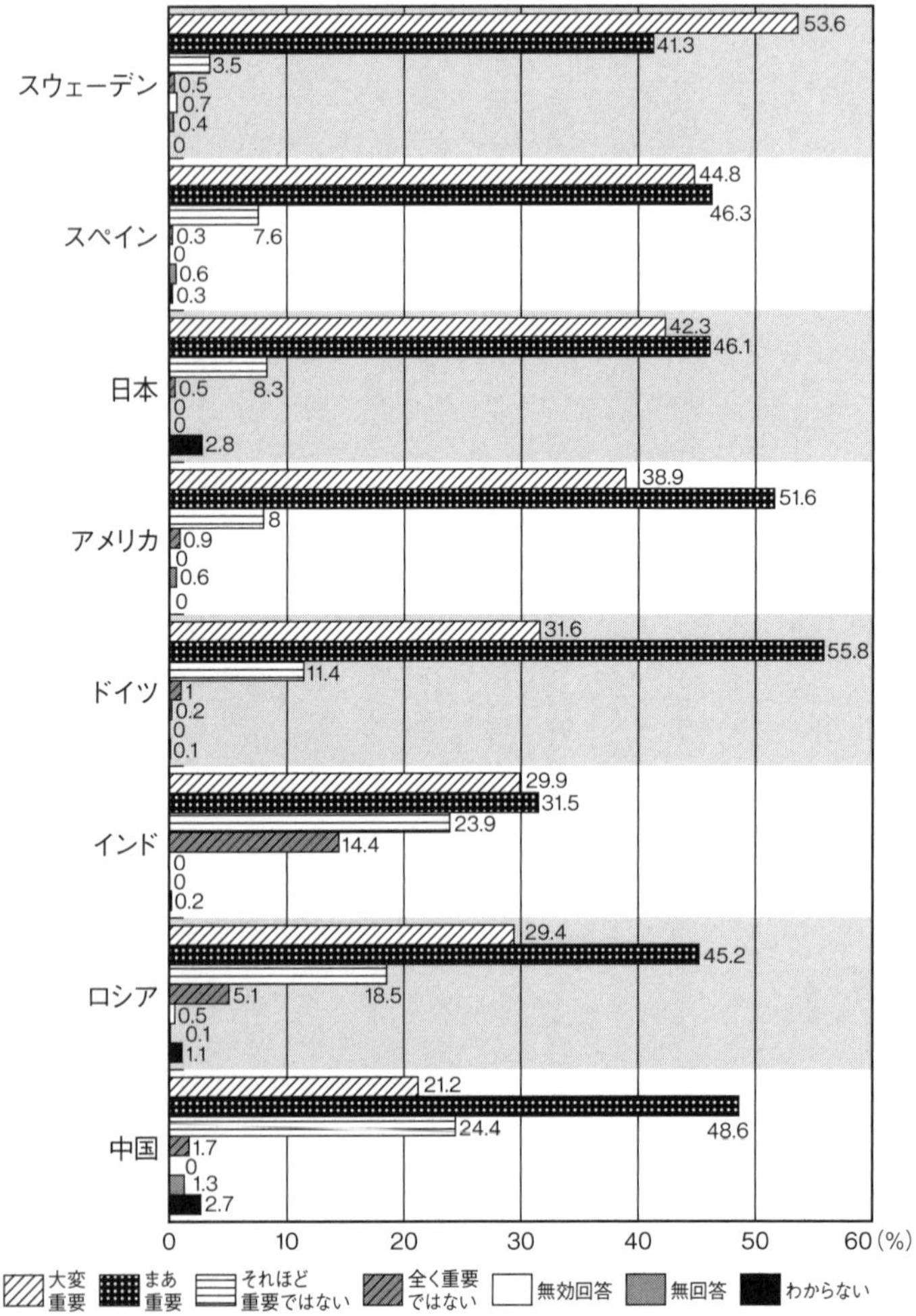

http://www.worldvaluessurvey.org/wvs.jsp から筆者作成

図5 生活における仕事の重要性(2014年)

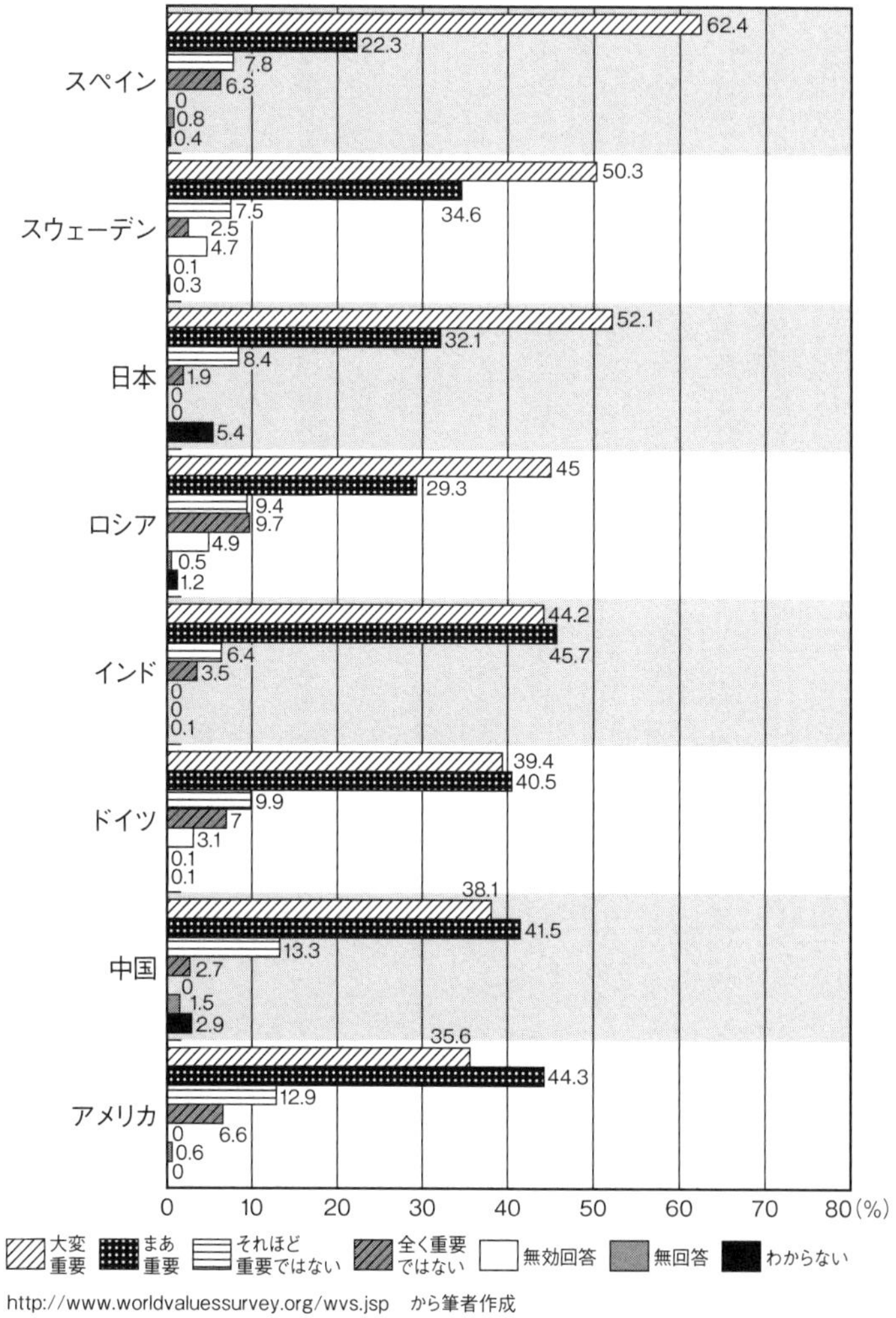

http://www.worldvaluessurvey.org/wvs.jsp　から筆者作成

だと考えている点です。ただし、スウェーデンやスペインは、日本に比べると、労働時間がはるかに短く、休暇も長いです。

彼らは重要だと考える余暇を、長い休暇や、仕事の後の私生活の時間を使って楽しむことが可能です。日本人は、考え方自体は成熟した西欧州の国の人々に近いにもかかわらず、相変わらず労働時間が長く、長期休暇をほとんど取ることができません。つまり、**本当は、成熟した国のような生活をしたいのに、働き方は、インド、ロシア、中国などの新興国に近い**わけです。

日本人にとって仕事は重要ではない!?

さらに面白いのが、1990年と2014年の日本の回答の比較です（図6）。

1990年は「それほど重要ではない」という回答項目がなかったので、仕事が「それほど重要ではない」と思う人は「全く重要ではない」と回答している可能性が高いのです

図6　生活における仕事の重要性(日本)

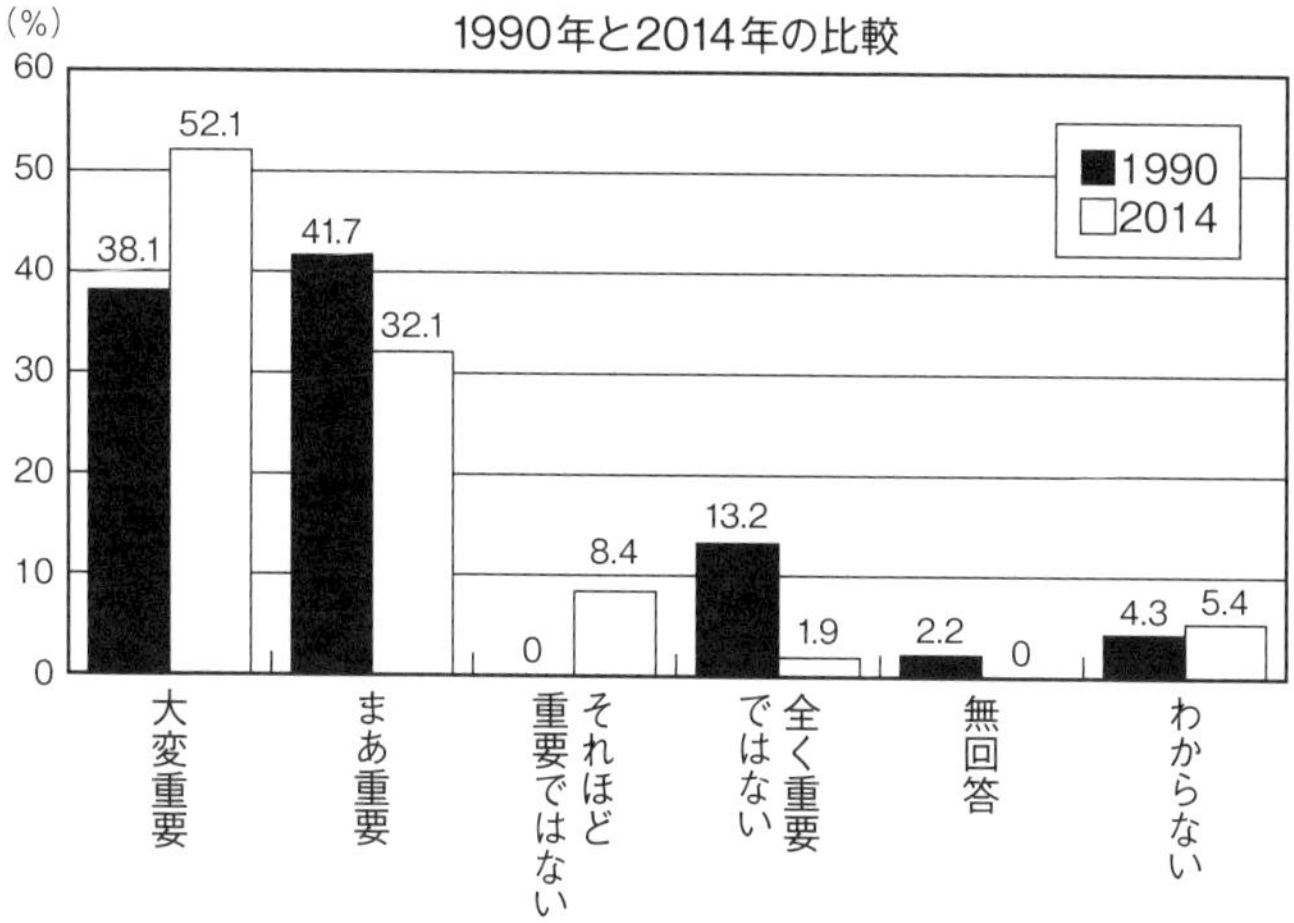

http://www.worldvaluessurvey.org/wvs.jsp　から筆者作成

が、それを考慮したとしても、1990年の日本では、仕事が「全く重要ではない」と考えていた人が、13・2%もいます。2014年の日本では「それほど重要ではない」と考える人と、「全く重要ではない」と考える人を足しても、10・3%です。つまり、景気が良かろうが悪かろうが、日本人で仕事があまり重要ではないと考える人の比率はそう変わらないのです。

バブル崩壊直後で、今よりもまだまだ景気も良く、未来への希望もあり、非正規雇用の人もはるかに少なかった頃の方が、「仕事は重要ではない」と考えている人が多いのは、大変興味深いという他ありません。日本人は、給料が増える見込みがあり、先行きが明るくても、実は、仕事自体に期待はしておらず、楽しんでもいなかったのでしょう。

2014年の日本では、仕事が重要だと答える人が増えていますが、それは、将来への不安や、生活を支えるという点で「重要だ」と答えているのかもしれません。

つまり、仕事そのものではなく、生活のために重要だ、と答えているのにすぎないのでしょう。第1章で考察したように、日本で自分の心を奮い立たせるような、まるで**ドラッグのような内容の自己啓発本や、仕事に関する本がやたらと売れるのは、「嫌いだがやらざるを得ない仕事」をなんとかこなすための、カンフル剤なのかもしれません。**

この調査の結果や、日本人の働き方を考えると、日本人は「本当は遊びの方が人生においてすごく大事だし、人生はお金や仕事だけではない。本当なら遊んでいたいが、仕事は重要なので、嫌だがやらざるを得ない」と考えていると推測できるかもしれません。

つまり、仕事自体を楽しんでいるのではなく、生活や、家族、世間からのピアプレッシャー（同調圧力）のために、イヤイヤやっているにすぎないのかもしれません。周囲からの圧力や、**「期待される義務感」で、自分を騙《だま》し騙し働いているので、仕事が嫌だなあ、どうしたら嫌じゃなくなるかなあ、と悩んでいる人が多い**のです。

かつては世界のお手本だった日本の働き方

ところで、仕事が嫌で仕方がない人が多い日本の働き方というのは、日本の景気の良かった頃は、海外の人々に絶賛されていました。経営学者だけではなく、社会学者、経済学者、政治学者など、様々な分野の人々が、戦後急速に復興し、世界第二の経済大国になった日本に驚愕し、日本の働き方を熱心に研究してきたのです。

「日本の奇跡」が世界で話題になり始めたのは、1960年代の初め頃だといわれています。そのきっかけになったのが、1962年9月1日および8日号のイギリスの経済誌「The Economist」に掲載された、「Consider Japan」という記事です。

この後、1960年代後半から80年代にかけて、先進国の様々なメディアや学術研究で、日本の成功が取り上げられます。政策や人口構成、資源価格、安全保障政策など、様々な要素が成功の要因になった、とする記事や研究もありましたが、一般的に人気を集めたのは、日本の成功は、日本独自の働き方に起因し、さらに、その根本には、日本独自の文化があるからだ、という論調でした。

1970～80年代のアメリカでは、そんな日本からいろいろ学ぼうと考える人が少なくなく、大学では日本語ブームが起き、寿司、忍者、禅など、日本文化が最先端のクールなものでした。知識人の間では、日本文化がまるで一般教養のようにもてはやされていました。そう、今でたとえるならば、グーグルやアップルやＡＩ（人工知能）が大好きな人たちが、日本の働き方や日本文化を称賛していたのです。

日本企業を称賛していたドラッカー

日本企業の強さに関して興味を持った研究者として、最も有名な一人は、日本でもファンの多いピーター・ドラッカー教授です。

教授はオーストリアのウィーン出身のユダヤ人で、ナチの迫害を逃れてアメリカに渡りました。欧州におけるユダヤ人の迫害は、第二次世界大戦以前から存在していました。社会的立場の弱かったユダヤ人は、オーストリアだけではなく、イギリス、フランス、ドイツ、イタリアなどで、虐殺されたり、差別されたりしていたため、金融業などキリスト教徒がやりたがらない仕事や、医師や会計士など、技能があれば差別をされずに働ける仕事に従事してきました。

ユダヤ人という背景と、ナチによる迫害を実際に体験したことから、教授の生涯にわたる関心は、「人を幸福にすること」でした。人を幸福にするのは、社会や職場の仕組みであり、仕組みが良ければ、各人が良い仕事につくことが可能になり、生活レベルを保つことが可能になる、さらに組織や国が栄える、という考え方があったのです。教授は研究者の使命として、その最適化された仕組みを研究するべきだ、と考えていました。

このような仕組みの研究の一つとして、日本式経営や、その根幹と考えられる、日本文化の研究にも熱心だったのです。日本の「仕組み」を学び、そこから転用可能な要素を抜き出すことで、他の国の組織にも応用できるのではないか、と考えたのです。

これは今でも、政策研究者、政治学研究者、経営学研究者など、社会科学系の研究者が行っていることと同じです。様々な国や組織の仕組み、やり方、考え方などを研究し、そこから異なる地域や組織でも応用可能な要素を抜き出して、最適化して適用するのです。各国のビジネススクールで、学生がビジネスの事例をたくさん学ぶのも同じ理由です。様々な成功事例を学び、そこから、他の組織や、異なる時代にも応用可能な要素を見つけ出すのです。教授は、1971年3〜4月号の「Harvard Business Review」で「What We Can Learn from Japanese Management」という論文を発表しています(https://hbr.org/1971/03/what-we-can-learn-from-japanese-management)。

海外の研究というのは、時に日本のカイシャや社会の姿を、単刀直入に描きます。日本社会への遠慮やしがらみというものがなく、日本人が当たり前だと思っていることも、彼らにとっては驚くべきことだからです。この論文はそのような例と同じく、日本のカイシャの姿と、その成功要因を、単刀直入に説明しています。

What are the most important concerns of top management? Almost any group of top executives in the United States (or in many other Western nations) would rank the following very high on the list:

- Making effective decisions.
- Harmonizing employment security with other needs such as productivity, flexibility in labor costs, and acceptance of change in the company.
- Developing young professional managers.

In approaching these problem areas, Japanese managers—especially those in business—behave in a strikingly different fashion from U.S. and European managers. The Japanese apply different principles and have developed different approaches and policies to tackle each of these problems. These policies, while not the key to the Japanese "economic miracle," are certainly major factors in the astonishing rise of Japan in the last 100 years, and especially in Japan's economic growth and performance in the last 20 years.

トップマネージャーにとって最も重要な課題は何か？　ほとんどすべてのアメリカ（もしくは他の西側諸国）のトップエグゼクティブは、以下の優先順位で答えるだろう。

- 効果的な意思決定を行う
- 雇用の保障を生産性、労働コストの柔軟性、企業が許容する変化などと調和させる
- 若手の専門管理職を育てる

これらの課題を考える際に、日本のマネージメントというのは、アメリカや欧州のマネージメントとは、かなり異なった考え方をする。日本人は異なった規範を適用し、これらの課題に異なったアプローチを取り、異なった方針を適用する。これらの方針は日本の「経済的奇跡」のキーではないが、過去１００年間における日本の攻勢、特に過去20年の経済的成長と成果の主要原因である。

この論文の中で、ドラッカー教授は、日本のマネージメントの規範や方針というのは、禅などの日本文化にその起源があると考えていました。

つまり、日本の成功というのは、日本のカイシャが日本独自の文化や考え方に沿って運営されたためのものであり、他の国もそこから大いに学ぶべきであるとしています。東アジアや日本をよく知る経営学以外の学問の学者も、日本の成功に関する分析を行っていました。

アメリカの言語学者であり、国際基督教大学（ＩＣＵ）やワシントン大学などで教鞭をとっていたロイ・アンドリュー・ミラーは、第二次世界大戦で海軍予備役として日本語を学び、中央情報グループ（ＣＩＡの前身）で調査研究を行っていましたが、日本に関する深い洞察で知られています。ミラーが執筆した「Japan's Modern Myth: The Language and Beyond」の中では、日本企業の成功要因が以下のように説明されています。

Tremendous dedication, hard work and unstinting personal sacrifice and effort were the secret of Japan's postwar economic recovery; they remain to considerable extent the secret of Japan's rousing success in the competition among the advanced industrial nation for a share of the world's market.

凄まじい献身、勤勉、惜しみない個人的な犠牲と努力が、日本の戦後経済の成功の秘密なのだ。これらは、他の先進工業国と世界市場シェアをめぐる競争における、日本の感動的な成功の要因であり続けている。

1979年にはアメリカの社会学者で、東アジアの研究者であるハーバード大学のエズラ・F・ヴォーゲル氏の『ジャパン アズ ナンバーワン：アメリカへの教訓』（TBSブリタニカ）が、アメリカでも日本でもベストセラーとなります。

この本では、日本人の勤勉さ、学習意欲、カイシャにおけるリーダーシップや経営手法、大蔵省や経済産業省（当時）などの、日本政府による政策が日本の発展の根源となった、としています。ドラッカー教授の論文と同じく、アメリカは日本から学ぶべきであると、アメリカに対する提言を述べる結論となっています。

日本研究者が無視していること

しかし、こんなに絶賛されていた日本の働き方は、今でもあまり変わっていないように見えます。カイシャは、その経営手法を大きく変えてはいないようです。

かつて絶賛されていた年功序列、終身雇用、集団主義がそのまま残っている職場も多いですし、日本人の多くは相変わらず長時間労働です。2～3週間の休暇を取ることができるのは、外資系の企業に勤務するような人や、どこでも仕事ができるフリーランスの人に限られているようです。しかし、かつては成功の要因とされていたやり方を継承している日本が、なぜ苦境に陥っているのでしょうか？

それは、**こういう研究が、日本の成功は日本独自の経営以外に、政策的要因や外部要因が原因となっていた、ということを無視してきたからです。**

中国吉林大学講師の張賢淳氏は、1981年に「日本経済研究」に掲載された論文「戦後日本経済の高度成長の要因について」において、「戦後、資本主義社会全体の経済発展は比較的速かった。日本経済はそれよりもっと速いテンポで成長した。これは戦後の特殊な歴史的条件に加えて、日本に固有な有利な歴史的条件が整ったからである」と述べています。また日本の成長を支えた条件として、以下のことが指摘されています。

- 日本には戦前からの工業力があり、熟練労働者が存在した
- アメリカの政策により非軍事化されたために、重工業など平和的分野に資源を回すことが可能だった
- 民主化・農地改革・財閥解体により国内市場が活性化した
- 労働法の整備により労働が民主化された
- そもそも後進国であったため、先進国に比べ、電力や鉄鋼などの主要物資生産量が低く、発展の余地があったこと（日本経済が復興したと考えられる1953年の時点で、主要物資生産量は、粗鋼はアメリカの7・6％、イギリスの42・8％、商業車はアメリカの11・4％、電力はアメリカの10・8％）
- 朝鮮戦争とベトナム戦争特需により輸出が拡大し、外貨を獲得したため、1949

年から始まった経済危機から抜け出し好況に入った。また獲得した外貨で技術とプラントを導入し重工業が発展した

- 家電、オートメーション、コンピューター、大型タンカー、鉄鋼など、海外で発展した科学技術を導入し、国内産業に役立てた
- 1950年代から60年代にかけて新しい地下資源が次々に発見されたため、石油、石炭、鉄鉱石など、当時は値段の安かったエネルギー資源を活用することができた
- 為替レートが安定し、関税障壁が撤廃され、局地的な戦争および紛争を除いて安定していたため、繁栄していた資本主義経済の恩恵を受けた
- 財閥解体により企業の集中独占体制が緩和され、企業同士が激しい競争を繰り広げ、急激な技術革新、生産規模の拡大、商品流通が促進された
- 政策により急速な資本備蓄が進められ、各企業は資本を備蓄した。1955年から70年の国民総生産の増加は8・2倍だったのにもかかわらず、日本の総資本形成額は、1955年の2兆2062億円から70年の28兆5204億円へと、12・9倍に増加した。1970年の日本の法人企業の資本備蓄率は8・3％と、主要先進国の中で最も高く、備蓄した資本は経営管理や技術革新に投入され、外国資本の導入

は制限された

橋本寿朗氏の『戦後の日本経済』（岩波新書）によれば、防衛費は、満州事変直前の1930年には、政府の財政支出に対する防衛関係費が28・6％だったのに対し、1970年には7・3％までに低下しています。防衛関係費は支出されても供給力の増加にはならず、経済成長に貢献するかという観点から見れば、無駄な投資でしかありません。

アメリカでは同時期に多数の技術者が軍需産業に雇用されましたが、軍事技術が民間に転用され成果をあげたのはごく一部であり、技術者と一般労働者の間で大きな溝ができてしまったため、大変効率の悪い雇用でした。またアメリカと異なり、日本は限られた資源や才能を、経済成長促進分野に集中することが可能だったので、生産技術の成長が促進されたのです。

同書では、その他に、日本の個々の企業や業界全体による熱心な品質改善活動や、アメリカや欧州の最新技術を学ぶ姿勢も、成功の要因だったと指摘しています。品質改善活動に関しては、アメリカの手法を手本とし、イギリスの業界団体を参考にして国内の団体を作り、頻繁な海外視察を行い、結果を報告書や研修会といった形で、日本全体に幅広く普及する活動が盛んだったのです。

また日本は、ドイツと同じく、第二次世界大戦中に生産力が破壊されましたが、戦後に、新しい機械設備を導入しました。他の先進国が老朽化した機械を使っている一方で、日本は最新技術を導入することができたのです。つまり、詳しい裏づけなしに「日本はすごい」と絶賛するテレビ番組や書籍、見方の偏《かたよ》った日本研究者が言うような、「日本の働き方が成功要因」であるというのは、実はまやかしなのです。

日本の成功は、当時の資源価格や国際政治、金融政策、特許技術の購入のしやすさ、新技術の導入、海外の最新技術や知識の導入、地道な品質改善活動、教育改革、さらに歴史的なタイミングなど、様々な要素が絡み合っていたから可能だっただけであり、**「日本人の働き方」は成功要因の一つにすぎなかった**のです。

しかし、読み物としては、「Zen」や「SAMURAI」、年功序列、根回しなど、なんとなくミステリアスなことが成功要因であった、という方が、日本にミステリアスなイメージを求める外国の人たちにとっては魅力的です。また、日本の国際的地位や経済力の凋落《ちょうらく》を認めたくない人たちにとっても、日本の成功を「日本のやり方」に求めることは、気分を高揚させてくれます。

日本は「世界の劣等生」

日本が失われた20年を経験した現代において、日本独自の働き方や経営手法を真似すれば成功すると考えている単純な人々は、皆無といっていいでしょう。**日本というのは、ビジネスや経済、国家経営の分野において、今や失敗例のお手本として研究されている「世界の劣等生」なのです。**

図7は、イギリスの経済雑誌である「エコノミスト」に掲載された、地域ごとの株式のリターン（収益）の比率と、純利益の割合です。

前者は、同じ金額を株式に投資した場合、どの程度の収益が得られるかを示しています。2004年も2014年も、同じ金額を日本、EU、アメリカの株式に投資した場合、収益が得られる割合が最も低いのは日本です。つまり日本の株式に投資すると損だと

図7 株主に対して貢献していない日本の会社

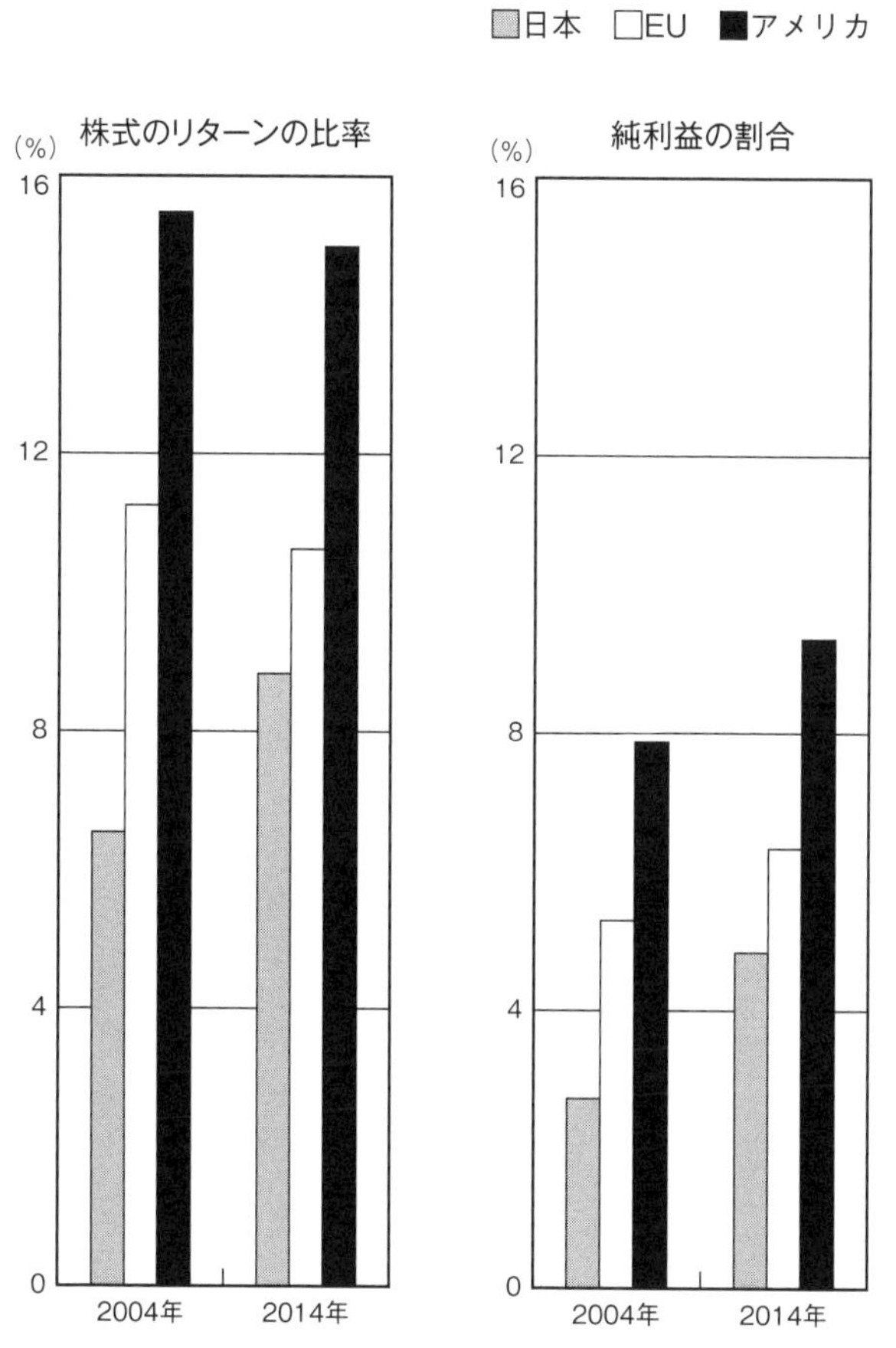

Sources: MSCI;CLSA
http://www.economist.com/news/business/21653638-prospects-shaking-up-japanese-firms-have-never-looked-so-good-winds-change

いう意味です。後者は、企業がビジネスに投資した場合の、地域別の純利益の割合を示しています。株式と同じく、日本に投資した場合、純利益を得られる割合は最も低いのです。

今や日本が海外のテレビや雑誌で取り上げられるのは、アイドルに熱狂する黄色い声で騒ぐ中年男、温水が出る便座、高速鉄道、農家を襲う凶暴なニホンザルのような、エキセントリックな話題がある時と、日本企業や政府の失敗に関することくらいなのです。

一方で、2020年には日本は独裁国家のような厳しい規制をしなかった上に、世界一高齢化が進むという悪条件の中で、先進国で唯一、コロナによる死者を抑え、コロナ対策では世界で最も成功した国として注目を浴びました。日本のマスコミはなぜかこれをまったくといっていいほど報道していませんでしたが、イギリスでは死者が少ない日本にあやかって日本食を食べようという人が増え、スーパーで日本食フェアが開催されたほどです。日本企業が大規模解雇をできる限り避けて雇用を守ったこともかなり評価されていました。他の先進国はコロナ禍で容赦なく大規模な解雇を繰り返し大量の失業者が出たからです。久々に日本企業の良い部分がクローズアップされました。

しかしながら、このような良いニュースがあっても、あくまで褒められていたのは日本人がコロナに対して几帳面にルールに従ったこと、衛生環境が良いこと、政府のコロナ対策が良かったこと、医療制度が優れていることなどで、日本の働き方は相変わらず評価されていません。

かつては絶賛されていた日本の働き方の問題はなんなのでしょうか？　なぜ日本企業のパフォーマンスは芳《かんば》しくないのでしょうか？　そして、なぜ日本人はこんなに仕事が嫌いで、しかもその嫌いな仕事に関して悩んでいるのでしょうか？

忠誠心を重視して新陳代謝が促されない日本の「カイシャ」

今や多くの先進国では、会社というのは、働く人々が短期間の間に集まって何かをやる場に過ぎなくなってきています。

これは、ハードロックの世界でたとえるならば、Damn Yankees（ダム・ヤンキース）というバンドのようなものです。このバンドは、当時、ハードロック界で大成功した様々なバンドのミュージシャンが、短期間一緒に活動する予定で集まった「プロジェクト」でした。バンドを構成するのは、ボーカリスト、ドラマー、ギタリスト、ベーシスト、キーボーディストなど、個々人が異なるパートを担当し、一緒に仕事して音を作るという活動ですが、何か特別なことをしたい場合は、普段活動しているバンド以外に短期間のプロジェクトを組んで活動することがあります。

先進国では、職場でも働く個々人が、ミュージシャンのような働き方をする例が増えています。大規模な生産手段（工場など）が必要な製造業や、政府、小売業などでは難しいですが、**どこでも働けて、仕事するのに機械も敷地もいらない知的産業の場合は、短期のバンドのような働き方が容易です。**

例えば、太陽熱発電の効率性を計算するコンサルティングプロジェクトを受注したが、社内に数値試算を行う専門家がいない場合は、プロジェクトの間だけ、個人コンサルタントや、他社の人、大学の研究者などを雇ってプロジェクトをこなします。こういう働き方は、ソフトウェア業界や携帯電話業界、金融業界、ウェブ業界では、当たり前になっています。

このような働き方だと、会社側は、その時々に専門家だけ雇えばすむので人件費やオフィスの維持費などの固定費が減ります。人員調整も容易です。雇われる方は、自分の専門に合わせて、高い報酬を得られるプロジェクトを選ぶことが可能です。

さらに重要なのは、様々な会社や業界の仕事に関わることで、経験を得ることが可能です。様々な場所で働いたことが「経験豊富で素晴らしい」と評価されるのです。雇う方は、他の組織での経験やノウハウをその人を通して得られるわけですから、その人に払う報酬の何倍もの知識を得られるのです。

例えば、私がロンドンのある石油関係のプロジェクトに関わった際に、会社側が大喜びして採用したのは、30社以上での経験がある専門家でした。この人は様々な国を渡り歩いて働いている人で、経験が豊富です。賃金は業界のトップレートです。会社側のプロジェクトマネージャーは、「こういう人が見つかって助かったよ」と大喜びです。海外の言語や文化、規制にも強いので、プロジェクトの人件費以上の良い買い物でした。こういう人は様々な国や組織の人を知っているので、仲良くすることで、その人経由の人脈も広がります。

知識産業では、技術や市場の移り変わりが激しく、昨年のやり方でも「古い」といわれてしまうことがあるので、常に、様々な組織、技術、知識に接触し、働く方も職場も、新陳代謝をきちんとしないと、死活問題に関わるのです。

ところが**日本の場合は、多くの会社では、そもそも高収入の専門家を特定のプロジェクトに短期間で雇う、という習慣が定着していません。**様々な組織を渡り歩く人は「忠誠心がない」「協調性がない」というレッテルを貼られてしまい、会社や同僚からは、ネガティブな印象を持たれます。**日本の会社は、その人が何を生み出すかよりも、会社というコミュニティの一員になり、長期間、その組織に対して忠誠を誓うことを重視する**からです。

しかし、**物事の移り変わりがこれだけ激しい時代に、そういう働き方を求めるのは、組織だけではなく、働く人の新陳代謝を阻害しているだけです。**何十年も同じ組織にいることは、その人自身にとってもリスクですし、その組織にとってもリスクにすぎません。

年功序列と終身雇用が生産性を奪っている

日本では2014年に、日立製作所が年功序列賃金を廃止したことが大きな話題になりました。同社は、管理職の社員について、給与全体の70％を年齢や勤続年数に応じた年功序列の制度で支給し、残りの30％を仕事の内容に応じて支給してきましたが、職務や仕事の成果に応じた報酬を支払う体系に変更しました。ソニーやパナソニックなどの大手企業も廃止しました。

海外のメディアや金融機関、経済学者は、日本企業が年功序列賃金から能力給に移行することは、日本企業のパフォーマンスを改善するとして歓迎します(http://www.ft.com/cms/s/0/87586772-a600-11e4-abe9-00144feab7de.html#axzz3dq1qHqFm)。

しかし、そもそもこれがニュースになるということは、日本の組織では年功序列賃金がいまだに一般的であり、能力給に移行する組織はまだまだ少ない、という事実の表れです。

年功序列賃金は、そもそも、従業員がその会社に長期間勤務することが前提になっている賃金体系です。英語圏では年功序列のことをseniority payと呼びますが、今やそんな賃金体系があるのは、政府や学校などの公共機関か、一部の製造業などだけです。

民間企業の場合は、能力のある人ほど、様々な企業からお声がかかるので、高い給料や、より良い待遇を求めて頻繁に転職を繰り返す人が珍しくありません。同じ組織に長年

図8　現在の職場での就労期間

	1年未満	1~2年	3~5年	6~10年	10年以上
2013年	24.6%	29.2%	24.7%	13.7%	7.8%
2012年	26.0%	25.0%	28.7%	12.0%	8.3%

http://www.hays.com/cs/groups/hays_common/@og/@content/documents/promotionalcontent/hays_1269348.pdf　から筆者作成

勤務する人もいますが、その割合というのは、日本に比べると多くはありません。新陳代謝の早い知識産業の場合は、製造業や医療、軍事関係、公的機関などに比べると、働く組織を替える頻度がより高いです。職場を替わるのが当たり前で、短期間就労も珍しくないので、職場に対する忠誠心というものもありません。

例えば石油およびガス業界の場合、Hays（グローバル人材のための転職エージェント）による調査では、2013年に同じ職場で働いている期間が1年未満の人は24・6%であり、10年以上働いているのはたった7・8%です（図8）。

海外では職場を替えるのが当たり前

職場を替える頻度が日本よりも高いのは、北米や西欧州だけではなく、インドや中国などの新興国でも同じです。インド人は、日本に比べて階層社会であり、受けた教育により、最初の段階でつく仕事が変わってしまいます（http://toyokeizai.net/articles/-/14021?page=2）。

例えば、超有名大学を卒業したエンジニアの場合、最初から幹部候補生や、上級技術職としての業務が割り当てられます。日本のように、丁稚奉公のようなことはやらないのです。さらに、高い報酬を求めて転職を繰り返すのが当たり前です。

このような働き方が当たり前なので、年功序列の賃金体系や、終身雇用を前提として退職金を払う、という報酬体系では、不満を抱く人が多くなってしまいます。能力により各自の報酬に差がつくわけではないので、不公平感が蔓延します。

これは、北米や欧州で働いているインド人でも同じです。

私の経験では、イギリス人や欧州大陸の人々よりも、割り切りが早いなという印象を受けることがあります。仕事で関わっていたあるイギリスの組織では、転職してきたインド人は、早い人の場合、1週間で職場に見切りをつけて転職していきました。

イギリス人やフランス人ですら「そこまで割り切らなくてもいいんじゃないの？」と驚いたほどですが、周囲のインド人たちに話を聞いてみると、「それは普通だ。もっと良い条件が来たのだから、別の組織に行くのは当たり前でしょう。なぜ驚くのですか？」という回答でした。このような傾向は、中国や台湾においても同じで、より良い職場があれば、どんどん転職していきます。

会社に対する忠誠や、やめたら同僚や職場に対する裏切りになるのではないか、という考え方はありません。ですから、人事部の重要な仕事の一つは、優秀な従業員のリテンション（滞在）率を高める報酬体系を考えたり、福利厚生を企画したりすることです。リテンションを高めることが目的なので、従業員の間で、福利厚生や勤労体系に差をつけることは当たり前ですし、稼ぐ人にはボーナスを上乗せするのも当たり前です。

年功序列賃金は役所でさえ廃止されている

欧州や北米では、年功序列賃金がある公共機関や古い大企業ですら、最近は年功序列賃金は廃止の方向にあります。

例えばイギリスの国立病院機構（ＮＨＳ）の家庭医は全員公務員ですが、２０２０年から年功序列賃金が廃止されることになりました。年功序列賃金は、働く人の意欲をそぎ、技能や担当する仕事に対して支払うべき報酬とリンクしない、というのがその理由です(http://careers.bmj.com/careers/advice/view-article.html?id=20015484)。さらに最近では、年功序列というのは、報酬の平等性の観点から時代遅れである、という見方が強くなっています。例えばイギリスでは、公的機関は年功序列賃金を採用している場合がありますが、政府機関に対して、年功序列は差別であると訴えるケースが目立っています。

働いている機関や年齢で報酬に差をつけることは、転職してきた人や、出産や家族の世話などでキャリアを中断することが多く、男性に比べて就労年数が短くなりがちな女性に対する差別であるというのが訴えの内容です。さらに、イギリスだけではなく、欧州では同一労働同一賃金という、同じ仕事であれば同じ報酬をもらう、という考え方が一般的なので、仕事の内容や能力とまったく関係がない年功序列は、同じく労働者差別に当たるという考え方が出てきています。

イギリスでは、2009年には、政府が運営する労働裁判で、年功序列は差別である、という訴えが80件以上起こされています。「Bernadette Cadman 対 HSE」という訴訟では、年功序列は性差別である、と政府に対して訴えた女性が勝訴しています。つまり、報酬の点から見て、年功序列というのは、その人の仕事の成果や能力ではなく、年齢や勤続年数などの「属性」を重視することから、労働者に対する差別なのです。スウェーデンでは公務員の年功序列賃金は廃止されています。

日本人が仕事に不満を持つ理由

日本企業における最大の問題は、年功序列と終身雇用により、生産性が低くなっていることです。生産性が低いとは、企業が投入する資源（お金、時間、人）に対して生み出されるお金が少ないという意味です。

労働生産性というのは、生産量（GDP）を、総労働者数もしくは総労働時間で割ったものです。

$$労働生産性 = \frac{生産量（GDP）}{総労働者数もしくは総労働時間}$$

2019年（暦年ベース）の日本の就業者1人当たりの労働生産性は8万1183ドル

図9　日本の生産性の動向2019年版

OECD加盟諸国の時間当たり
労働生産性(2019年／37カ国比較)

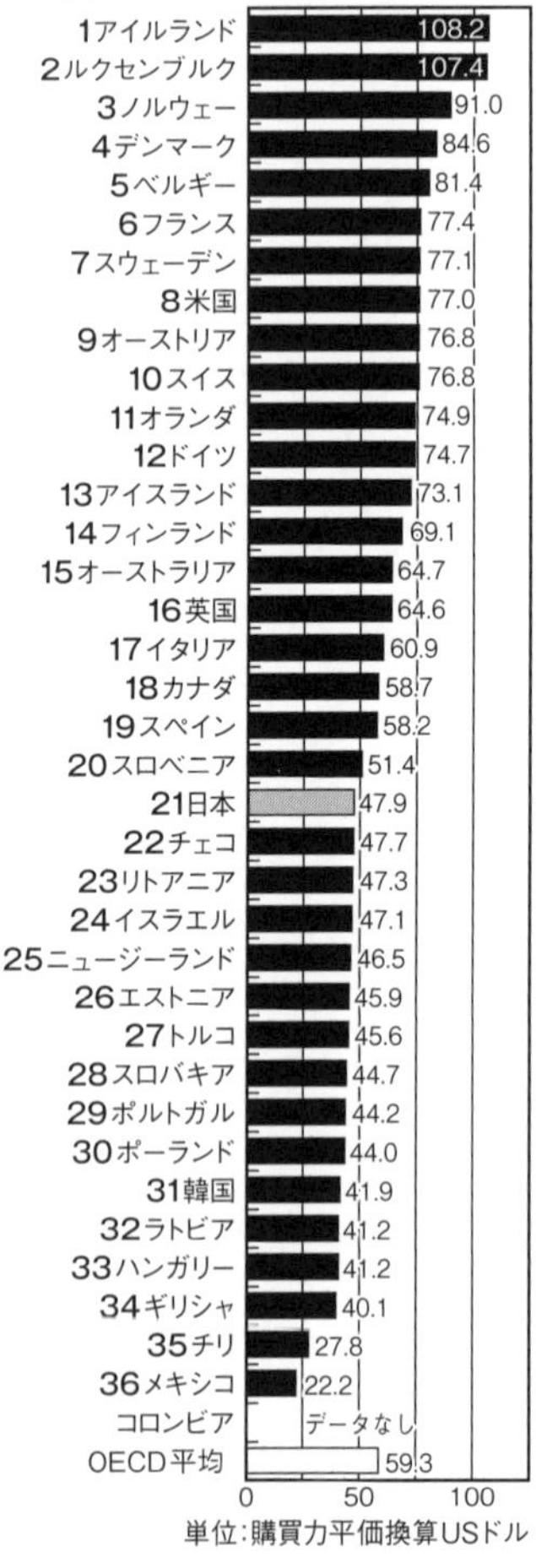

OECD加盟諸国の労働生産性
(2019年・就業者1人当たり／37カ国比較)

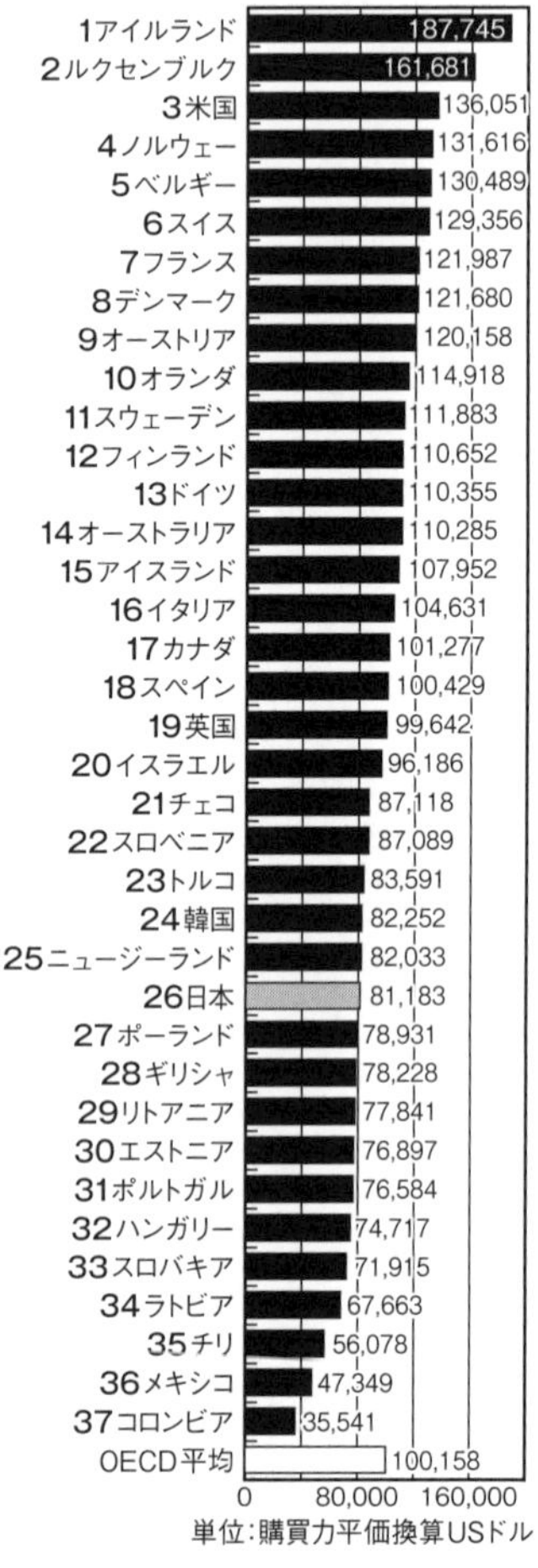

http://www.jpc-net.jp/annual_trend/

（1ドル＝105円換算で約852万円）、OECD加盟37カ国の中では第26位となっています。これは1970年以降でもっとも低い順位です。

また、北欧諸国や米国とはかなりの差があり、どちらかというと、東欧であるスロベニアやチェコの生産性に近いのです。またイタリアやカナダよりも低いという結果になっています。就業1時間当たりの日本の労働生産性は47・9ドル（約5030円）で、加盟37カ国の中では第21位となっています。

カリフォルニア大学バークレー校のパンペル教授は、日本企業は年齢の高い社員の雇用を保障しているために、生産性が低くなっていると指摘しています。

つまり生産性の低い従業員に高い給料を払っているので、十分なアウトプットが生み出されないのです。**そのような生産性の低さを、働いている人々は日々の仕事で感じているからこそ、仕事に不満を持つ**というわけです。

素人に仕事をさせては会社も本人も不幸になる

日本企業の多くは、特定のスキルを持ったプロではなく、素人に仕事をさせることがあります。学びながらなんとか仕事をやってくれ、とすることがあります。これが、かなり名前の知れた大企業であっても、往々にして行われているのが、海外の先進国の人々に驚かれる点です。

さらに、外部の独立コンサルタントや、契約社員と直接契約して、高い報酬を支払う文化がないので、外からその道の専門家を連れてこないで、内部の人でなんとか仕事をこなそうとするところがあります。日本以外の先進国だと、社内に人材がいなければ、外部の専門家を市場レートで雇用して仕事を回すことが当たり前です。特に、**知識が高度化している業界だと、社内の素人に仕事を割り振っても、良い結果が出ることはありませんし、下手をしたら会社に大損害が発生してしまいます。**

例えば、私が実際に目にした例は、商品の営業をしていた人が大規模システムの開発プログラマーの管理者になる、自動車部品の開発をしていた人が顧客サービスを担当する、学生の授業登録事務をしていた人が大学の国際広報業務を担当する、海外で働いたことが一度もなく、英語すらできない人が、海外業務の統括をする、などです。

どの例も、仕事を割り振られた人は、その業務での経験が一切なく、学生時代にその分野の仕事の下地になることを学んだことがあるわけではありません。これが、例えば北米やイギリスの、ある程度の規模の企業や大学であったら、その人をトレーニングに送るか、外部から専門家を雇用するのが当たり前ですが、日本の組織は、やればなんとかなる、と仕事を振ってしまうことがあります。しかし、例えばプログラマーの統括は、実務経験のある人でなければ大失敗するのが目に見えていますし、開発者になる人はコミュニケーションが不得手なので、営業的な仕事を避けていた可能性があります。

日本の景気が良かった1970〜80年代であれば、従業員に様々な経験を積ませ、不得手な仕事でも現場で慣れればなんとかなる、という考えが通用したのかもしれませんが、現在は、各仕事の専門性が、昔に比べるとはるかに高まっている上に、高度化もしているので、「慣れればなんとかなる」という考えは、効率の点から見て好ましくありませんし、学ぶのを待っていては業務のスピードも追いつきません。会社の業績も上がりませんし、専門外の業務を振られて従業員本人も苦しみます。会社も従業員も不幸にする仕事のやり方がまかり通っているので、日本の会社では悩む人が減らないのです。

ライフスタイルの世代間ギャップ

日本でも、特に若い人の間では、コミュニケーションの仕方が大きく変わってきています。かつての日本では、職場は濃い人間関係を作り、公私混同で働くところでした。エドワード・T・ホールは『Hidden Differences: Doing Businesses with the Japanese』の中で、アメリカ企業が日本でビジネスを展開する場合は、本国での場合に比べて、かなり早い時期から準備しなければならない、と指摘しています。その理由は、アメリカや、欧州に比べ、**日本人は、ビジネスで何を達成するかよりも、関係者との人間関係を作ることを重視するからです。また、仕事時間外の飲み会や、週末の付き合いが、人間関係作りに重要で**

あるので、積極的に取り組まなければならない、と述べています。

しかし、ホールが観察していたかつての日本に比べ、今の日本の職場では、週末や就業時間を潰してまで人間関係を作りたいとは思わない人が増えています。また、若い男性には、育児や家庭生活に積極的に参加したい人も増えています。家庭を顧みないでゴルフや夜の付き合いに熱心という人は、称賛されるのではなく、今ではむしろ批判される対象です。

若い人向けのメディアやサイトでは、家庭生活や育児に参加する若い有名人や企業経営者が、大変前向きに取り上げられる一方で、中高年向けの媒体では、必ずしも前向きではありません。メディアは売れてなんぼの世界なので、読者の好みを反映した記事が載ります。つまり、若い人は家庭や私生活重視で、中高年以上は、滅私奉公的な古い働き方を支持しているという、ライフスタイルの世代間ギャップがあるのです。

働き方の仕組みやルールを決めるのは、意思決定権のある中高年以上の世代です。在宅勤務が認められない、男性の育児休暇が増えない、サービス残業を強要する職場に対する罰則がゆるいというのは、企業文化の問題というよりも、世代間対立の問題なのかもしれません。

若者を殺している日本の働き方

中高年と若者の間の考え方のギャップは、ライフスタイルだけではなく、実は、日本の将来を左右する大問題です。以下はそんな日本の厳しい現実を指摘した「ニューヨークタイムズ」の記事です。

In Japan, Young Face Generational Roadblocks
http://www.nytimes.com/2011/01/28/world/asia/28generation.html?pagewanted=all&_r=0

As this fading economic superpower rapidly grays, it desperately needs to increase productivity and unleash the entrepreneurial energies of its shrinking number of younger people. But Japan seems to be doing just the opposite. This has contributed to weak growth and mounting pension obligations, major reasons Standard & Poor's downgraded Japan's sovereign debt rating on Thursday. (中略) An aging population is clogging the nation's economy with the vested interests of older generations, young people and social experts warn, making an already hierarchical society even more rigid and conservative. The result is that Japan is holding back and marginalizing its youth at a time when it actually needs them to help create the new products, companies and industries that a mature economy requires to grow. (中略)

A nation that produced Sony, Toyota and Honda has failed in recent decades to nurture young entrepreneurs, and the game-changing companies that they can create, like Google or Apple—each started by entrepreneurs in their 20s. (中略) The result is that young Japanese are fleeing the program in droves: half of workers below the age of 35 now fail to make their legally mandated payments, even though that means they must face the future with no pension at all. "In France, the young people take to the streets," Mr. Takahashi said. "In Japan, they just don't pay."

　この劣化している経済大国は急速に高齢化しているために、なんとしても生産性を向上させ、人口の減っている若い人たちの起業家的エネルギーを解放する必要がある。しかし日本はその反対のことをやっているようだ。そしてそれは経済の停滞と、年金問題を悪化させている。それらは先週木曜日にStandard & Poor'sが日本の国家的赤字の評価を下げた主な理由だ。（中略）

　若年人口と社会に関する専門家は、高齢者は既得権を守ろうとするので、高齢化により経済成長が阻害されていると警告している。日本は以前から階層化している社会だが、高齢化によりそれがさらに強固で保守的なものになっているのだ。その結果、成熟した企業や産業が発展しなければならないのに、日本の若者は、力を発揮して新しい精神を作るべき時に社会の隅に押しやられてしまうのだ。（中略）

ソニーやトヨタ、ホンダを生み出した国は、ここ10年の間に若い起業家と、社会のルールを変えてしまうほどのGoogleやAppleのような会社を育て上げることに失敗している。それらの会社を創業者は20代の頃に始めたのだ。（中略）

その結果、若い日本人は大群でシステムから逃避している。35歳より若い世代の半数は、将来年金がもらえなくなるにもかかわらず、法的に支払い義務のある年金を払っていない。タカハシ氏は「フランスでは若い人は街中でデモをやりますが、日本では単に年金を支払わないのです」と言っています。

日本の働く人々は、こういう若者を殺すような企業内の仕組みだけではなく、**社会全体の「空気」というのを読み取っているからこそ、働くことに悩み、特に若い人は将来に絶望している**のでしょう。

空気を読んでいるから革新が起きない

日本の職場におけるコミュニケーションの問題は、ビジネスのもっと根幹的な部分の問題に関わります。製造業が強かった時代は、周囲に合わせたり、グループで仕事をしたりする、協調性を重視したコミュニケーションが効率的でした。

しかし、**知識産業が重要性を増す世界では、人と異なることを考えつくことこそ強みになります。**知識産業の世界で重要なのは、言われたことを正確にこなすことではありません。市場に存在しない製品やサービスを発想すること、さらに、それらを、コンセプトから発想し、そのエコシステム（生態系）を構築することです。人と同じ意見、同じ発想では、画期的な商品やサービスが生まれないのです。

例えば、Appleの製品の強みは、各製品の機能の細かさや小型化されたかどうか、ということではなく、iTunesで購入できる音楽の数、アプリ、各製品の連携性など、そのエコシステムにあります。また、各製品の仕様もとても大胆です。キーボードがないタブレット、銀色一色のデザイン、ＵＳＢのスロットを極力減らすなど、日本企業であったら、社内から様々な批判が出ていたと思われるようなものばかりです。協調性を重視していたら不可能な商品設計です。

アメリカの高級経済紙である「The Wall Street Journal」は、２０１２年の記事で、恐竜のように滅亡を待っている日本の家電メーカーを手厳しく批判しています。エコシステムや、市場そのものをひっくり返してしまうような斬新な発想がないからこそ、日本の家電業界は凋落の道を歩んでいるのです。

How Japan Lost Its Electronics Crown

http://www.wsj.com/articles/SB10000872396390444840104577551972061864692

Japan's current weakness is rooted in its traditional strength: a fixation with "monozukuri," or the art of making things, focused on hardware advances. This concept, a source of national pride, pushed Japan's electronics firms to strive for products that were often the world's thinnest, smallest, or delivered other incremental improvement— while losing sight of factors that really mattered to people such as design and ease of use.

日本の最近の脆弱性は、伝統的な強さにルーツがある。「ものづくり」、つまり、製品を作る芸術にとらわれ、ハードウェアを発展させることに注力してきたからだ。この考え方は、日本の国家をあげたプライドであり、日本の家電メーカーが新製品を開発する原動力になっていた。製品の多くは世界一薄く、小さく、周辺機能が充実していたが、デザインや使いやすさなどの視点が欠けていたのだ。

斬新な発想さえ可能なら、たった一人でも巨大な富を生み出すことができるのも、知識産業の特徴です。

例えばイギリスのＶＰＮ（仮想プライベートネットワーク）サービス企業である「Hide My Ass!」は、創業当時16歳だったジャック・ケイターが、学校内のネットワークからウェブサービスに自由にアクセスしたいと思いついて作ったサービスです。コンピューターセキュリティ会社のAVG Technologiesに４０００万ドル（１ドル＝１２０円換算で約48億円）で売却することに成功しました。ケイターはこのサービスをたった一人で思いつき、自宅のリビングでノートブックコンピューターを使って作り上げました。ケイターが他の学生と同じように考える生徒であったら、学校の先生や親に怒られることを想定して、このようなサービスは思いつかなかったでしょう。

エドワード・T・ホールは『Hidden Differences: Doing Businesses with the Japanese』の中で、「日本の協調性を重視した意思決定には、有利な点もあるが問題もある。それは、日本社会独自の問題を反映したもので、極端な平等主義が創造性を殺している。日本人の誰もがチームプレイヤーでもないし、誰もがチームプレイに向いているわけでもないので、個人主義者は日本では苦しい生活を強いられる」と述べています。

日本でも産業の大転換に気がついている人たちは大勢いて、従来の発想では、新しいものは生まれないと考えている人が大勢いるのですが、周囲からの圧力により、異なる考え方をすることや、斬新なことをやろうとする人は、抑えつけられてしまうのです。自分自身は斬新なことをやろうとする人ではなくても、**そういう「空気」が存在することが、ストレスになってしまっている人が多い**のでしょう。

こんなに違う！　日本と海外の働き方

私は海外で働き始めてしばらくの間は日本の人は優秀だと思っていました。お店では腐ったものは売っていない、バスや電車は時間通り、遅刻はしない、言ったことはやってくれます。1と言えば10が達成される。間違いが少ない。日本では安心してものを買ったり、サービスを頼んだりすることが可能です。買ったものは簡単には壊れません。

イタリアで働き始めた頃は、毎日が驚きの連続で、夜中になると「私が一体何をした……」と悩む毎日でした。まず、電気工事やガスのメンテの人が時間通りには来ません。電話会社に電話しても3時間繋がりません（つまり電話を繋げたままずっと待つのです）。日本から送ったものはなくなります。追跡システムがあってもなくなるのです。届いても荷物は半分空いていて、中からさきいかやCDがなくなっています。大使館はビザの書類をなくします。なぜなくなったのかと聞くと、パソコンに向かって怒鳴ります。事務員はパスポートをなくします。銀行は担当者に会う予約を入れても、バカンスに行ってしまったりするので、口座の間違いを直すのに2カ月かかります。銀行の口座からはお金が消えます。商店ではお釣りが間違っています。洗濯機はある日突然水漏れします。

アメリカやイギリスはここまでひどくありませんが、大同小異、レベルの違いはあれ、日本ではあり得ないことの連続でした。

しかし、海外にいる時間が長くなればなるほど、「日本人優秀」の確信はボコボコと崩れ落ちていきました。

まず、日本人の優秀さが発揮されるのは、言われたことや決まっていることを、命令通りに行う場合です。極めて真面目に遂行する。管理者だと物凄く助かります。しかも細かいところにも目を配ってしてくれるので、安心です。ものは盗まないし手抜きもしない。本当に真面目です。その点では極めて優秀です。多分世界一レベルでしょう。

ところが、臨機応変な対応にはことごとく弱いのです。例えば、飲食店でお客さんが「アレルギーがあるからこれを取り除いてほしい」と言った場合、対応してくれる店員さんはほとんどいません。「マニュアルで決まっているので……」と繰り返すばかり。取り除くだけでもダメです。**自分の頭で考えて、ここまでならお店の問題にならない、という人は皆無に近いのです。**経営者的には従順だから助かりますが、お客さんとしてはあまり嬉しくありませんね。

一方、命令に従うのが嫌いで、怠惰で適当な人々が多いイタリアはちょっと違います。以前イタリアのLCC（格安航空会社）に乗った時に、チケッティングシステムがクラッシュしました。復旧しそうになかったので、その日は移動できないかなと半分諦め気分でした。しかし、その場にいた黒光りしたお兄さん担当者と、ギャルセクシー系お姉さん担当者と、おばさま担当者たちは、どこかにジャカジャカと電話をかけ始めました。

そして、突然、「おらよ！」とチケットをその辺の紙に殴り書きして、お客に次々と渡し始めました。そして、お客に「良かったね。バカンザを楽しんでちょうだいな。プロント、プロント（早く、早く！）」とウインクして、飛行機に乗せてくれたのでした。機内では、乗客の数を手で適当に数えて「空いてる席はあるか？　ないな？」と確認して、さっさと飛行機が出てしまいました。

「席は適当に選べ、人数が大体合ってればいい。クラッシュしたのは搭乗システムだけだから、飛行機は飛ぶし、安全性には問題がない。乗れば客はハッピー、会社もハッピー、チケットが殴り書きだからってなんの問題があるんだい？　あとで会社にこうなったぜって言えばいいだろ。こんなもの単なる乗り物だ、乗れりゃいいんだよ。壊れたのは俺のせいじゃないし謝る必要はないぜ。とにかく問題を解決するのが優先さ」という考えのようでした。

日本でもまったく同じ場面に遭遇したことがありました。ある大手航空会社の搭乗システムがクラッシュしてしまい、その日の朝、東北に向かうはずだった私と母は、空港で立ち往生してしまったのです。

係員の方は「すみません」「申し訳ございません」と繰り返すばかりで、何がどうなっているのか、いつ乗れるのか、保障はあるのか、わからずじまいでした。しかし、飛行機自体を飛ばすことに問題はないようでした。結局、私たちは他社便に振り替えられたのですが、振り替えのことを聞いたのは3時間後、空港を出発したのはその日の午後になってしまい、宿に着いたのは真夜中でした。

臨機応変な対応が必要な場面では、日本人の従順さや、上の人に逆らわない、杓子定規《しやくしじよう》にやる、というキャラクターがマイナスの方向に作用します。思い切った決断、その場の問題を解決しようという瞬発力、お客さんへのサービス精神、終わりよければ過程なんてどうでもいいんだという大雑把《おおざつぱ》さ、働く人もお客も会社も楽しくなるやり方、というのを考えつきません。

イライラしていたお客へウインクするなんて、日本の航空会社の人では考えつきません。しかし、ちょっとチャーミングな対応をすることで、そのお客にとっては一生忘れられない思い出になるし、働く方も楽しくなります。いろいろ間違ってばかりのイタリア人でも、こういう臨機応変さ、創造性の高さは、大変素晴らしいのです。

これってなぜでしょうか？

私は日本人の育ち方と教育に原因があると思います。日本の家では親が決めることが多いのです。小さい子供に「アナタはどうやってやりたい？　選択肢と理由を説明して」なんて言いません。学校では細かい決まりがあって、それに従うことを学ぶのがお勉強です。子供の頃から暗記、暗記。国語の試験では先生が決めた「主人公の気持ち」を書けば満点。人から与えられた決まりを守ることを遂行できる能力の訓練に、大きな時間が割かれています。その決まりが、おかしいか、面白いか、別の方法はないか、なんて考える機会はありません。

しかし、多様な人が、雑多に交じって働く世界では、先々何があるかわかりません。トラブルは起こるのが当たり前と考える方が当たり前です。

そんな時に大事なのは、**なぜその決まりはあるのか、他に方法はないか、どうやったらもっと良いかを「自分で考えること」**です。日本の家でのしつけや教育を変えていかないと、いくら「グローバル、グローバル」といっても、イライラしたお客にウインクしてなんとか丸く収めてしまう、イタリア人のような瞬発力に負けてしまうでしょう。

第3章

働き方の激変は
グローバルな
潮流

世界的に拡大する格差

働き方の激変により悩む人が増えているのは、実は日本だけではありません。今や先進国だけではなく、発展途上国の働く人々も、働き方の変化に悩んでいるのです。

その変化の根源にあるのは、グローバルな規模での経済構造の変化です。

まず注目しなければならないことは、世界的に貧富の差が拡大していることです。ＯＥＣＤが２０１１年に発表した「Growing Income Inequality in OECD Countries: What Drives it and How Can Policy Tackle it?」（http://www.oecd.org/els/soc/47723414.pdf）という報告書には、貧富の差が、いかに多くの国で広がっているか、という事実が明記されています（図10上）。

加盟国で、働く人のトップ10％の収入が大幅に増え、下から10％の人々の収入が減り、さらに中間とトップ層の収入に大きな差がついています。つまり、国全体としては富が増

図10 拡大する貧富の差

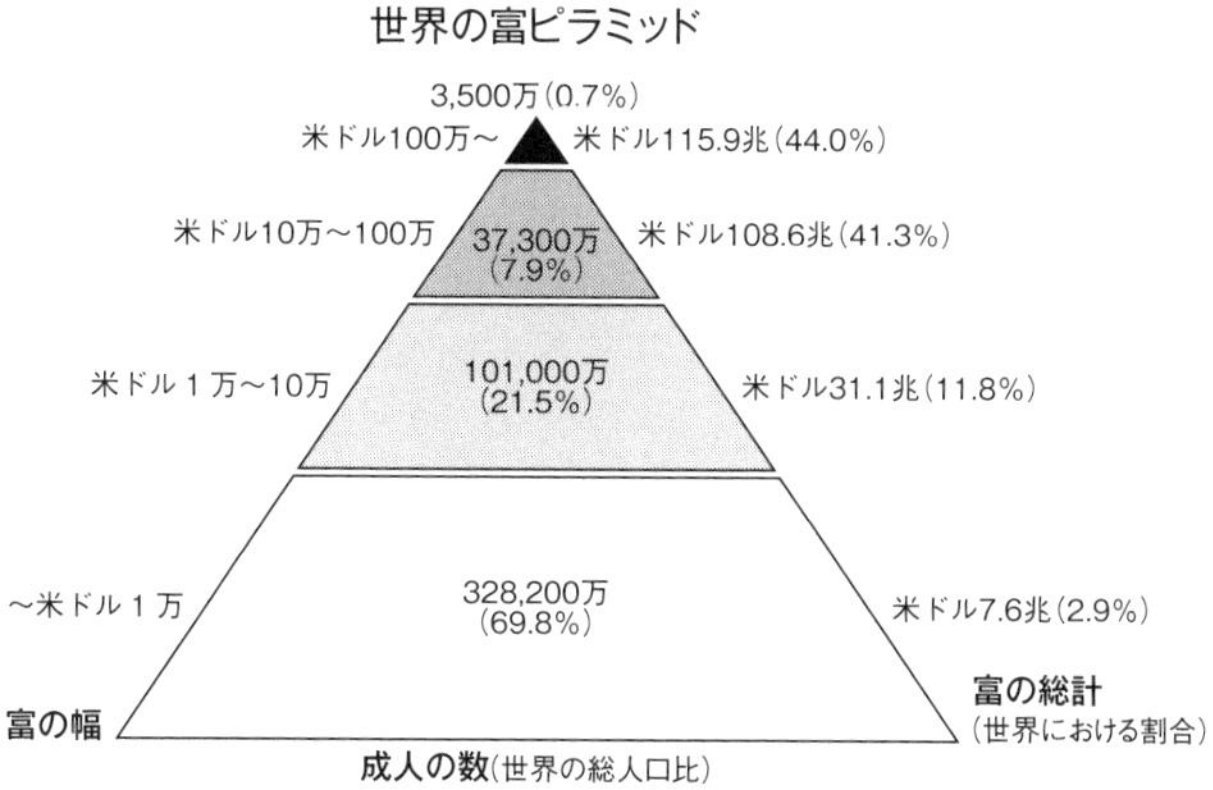

Source: James Davies, Rodrigo Lluberas and Anthony Shorrocks, Credit Suisse Global Wealth Databook 2014
https://publications.credit-suisse.com/tasks/render/file/?fileID=60931FDE-A2D2-F568-B041B58C5EA591A4

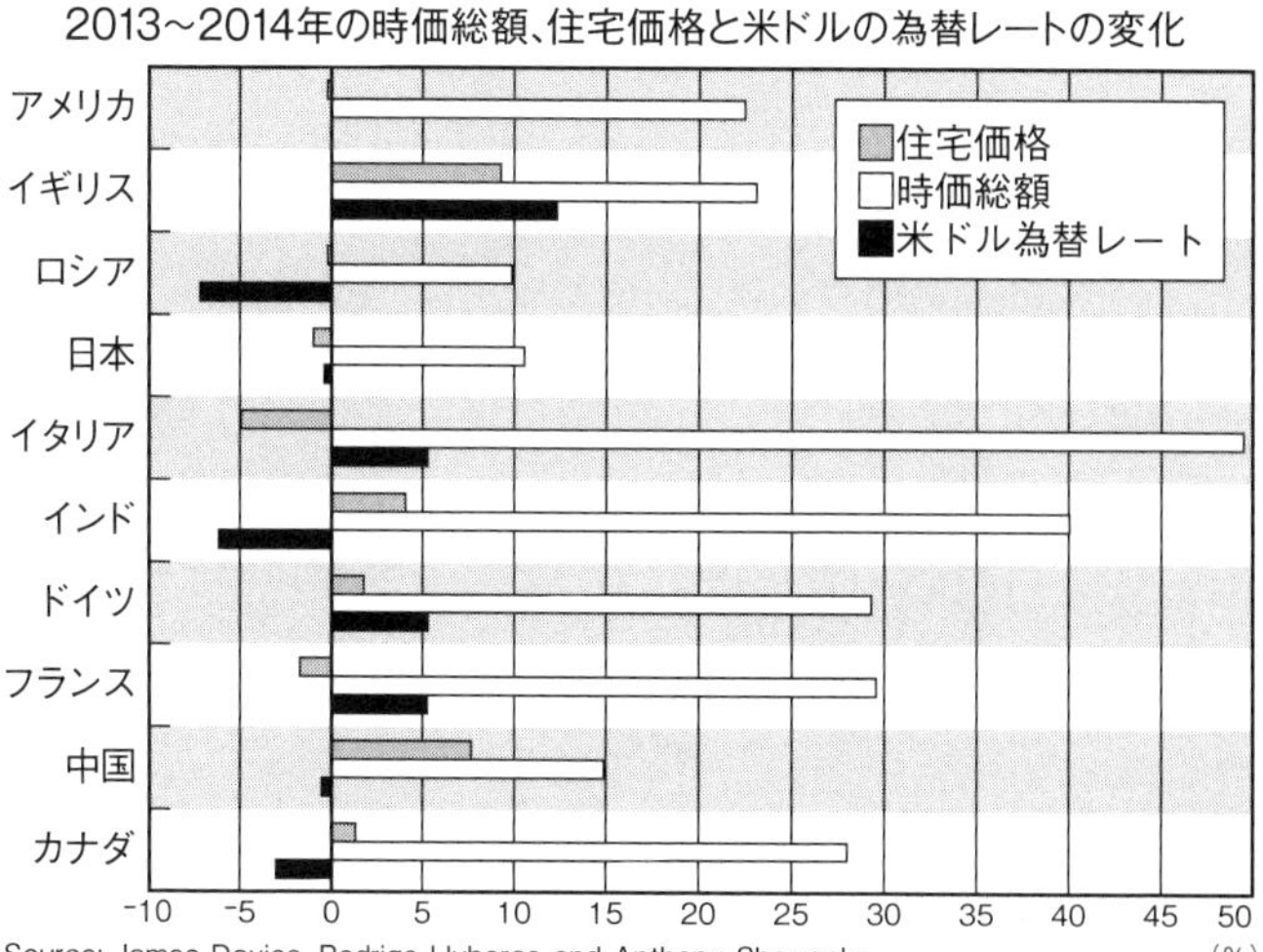

Source: James Davies, Rodrigo Lluberas and Anthony Shorrocks,
Credit Suisse Global Wealth Databook 2014

えていても、多くの国で富が豊かな人に集中し、中間層とそれ以下の人々の生活が苦しくなっているわけです。「アメリカでは豊かな人に富が集中している」という報道を目にすることが少なくありませんが、それはアメリカだけではなく先進国全体の傾向です。さらに、それが新興国でもほぼ同時に起こっているという点に注意が必要です。新興国の場合は国全体が以前よりも豊かになった場合がありますが、貧富の差も拡大しているわけです。

トップ10％は給料収入も増えているのですが、資産からの収入が増えているのが最近の特徴です。資産とは商売をするためのお金（資本、すなわち土地や機械など）、不動産、投資、貯金などです。

つまり、資産運用をしている人、資産を持っている人はより多く儲けることができるようになったというわけです。証券大手のクレディ・スイスの「Global Wealth Report」という調査によれば、**世界のトップ1％のお金持ちは、なんと全世界の資産の48％を所有しています。**

さらにこの報告書によれば、富の多くは株式の時価総額より生み出されています。これは先進国だけではなく、インドや中国などの新興国でも同じです。**つまり、株式を運用し**

ているお金持ちは、より多くの富を得ているのです（図10下）。

最も多くの富が生み出されているのはアメリカです。その多くは、金融や不動産などの資産から生み出されています。世界において、100万ドル以上（1ドル＝120円換算で約1億2000万円）の資産を持っている人の41％がアメリカに住んでいます（図11）。日本でもアベノミクスが始まってから、資産を投資して富を増やす人が目立つようになりました。

野村総合研究所の推計によれば、預貯金や株式などの純金融資産を1億円以上持つ富裕層は、2013年に100万7000世帯となり、2011年と比べて24・3％も増えています（http://www.jcp.or.jp/akahata/aik14/2014-11-30/2014113006_02_0.html）。

資産リッチな富裕層がよりお金持ちになる傾向は、単にアベノミクスだけが原因である、というよりも、グローバルな現象なのです。

貧富の差の広がりは、ジニ係数にも表れています。ジニ係数とは貧富の差を示す指標のことで、大きければ大きいほどその国の貧富の差は大きくなります。

図12は、OECDが2011年に発表した「Growing Income Inequality in OECD Countries: What Drives it and How Can Policy Tackle it?」からの抜粋です。1985年か

図11 居住地による億万長者

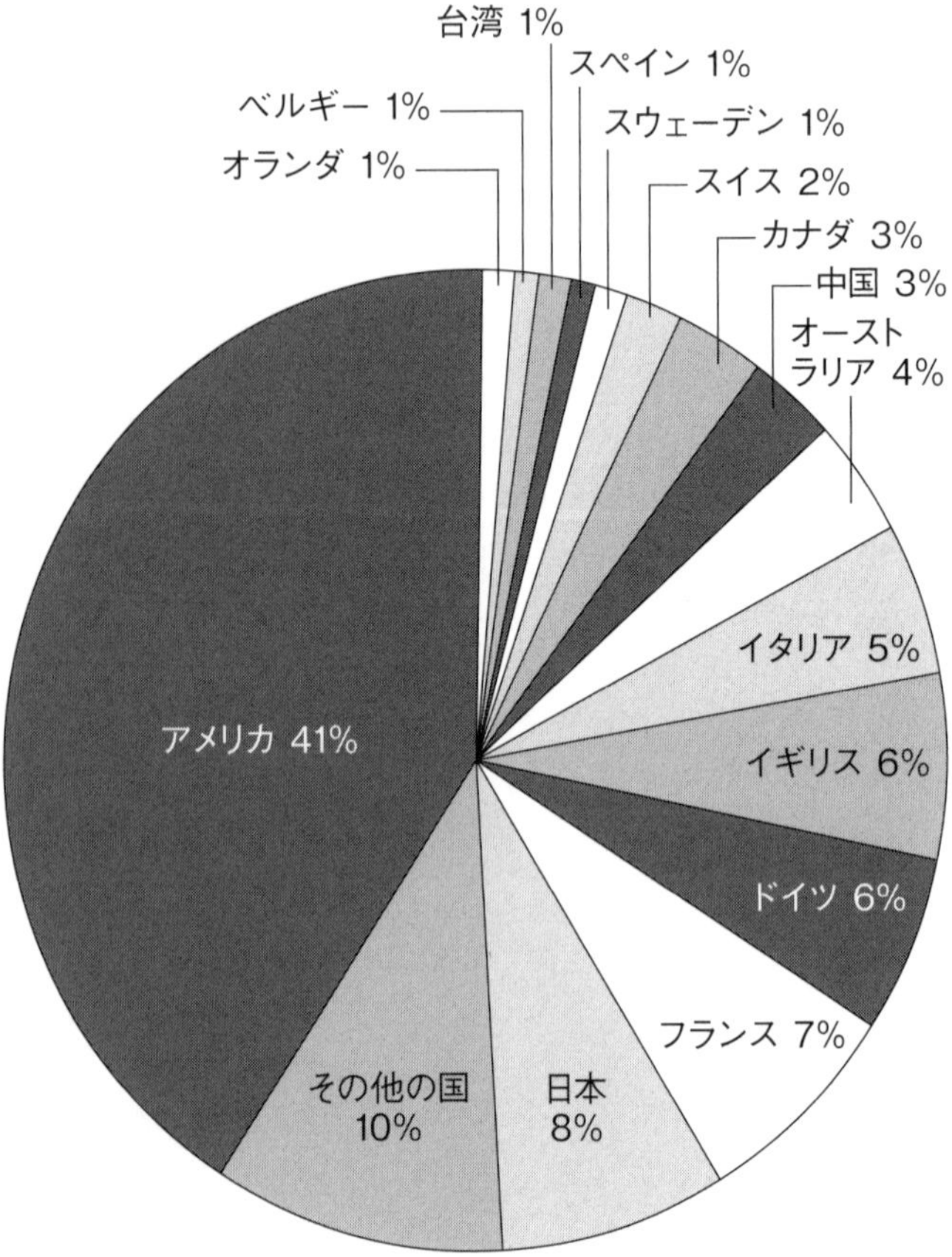

Source: James Davies, Rodrigo Lluberas and Anthony Shorrocks,
Credit Suisse Global Wealth Databook 2014

図12 OECD諸国では収入の不公平が増加した

1985年から2008年にかけてのジニ係数による収入の不公平さの変化

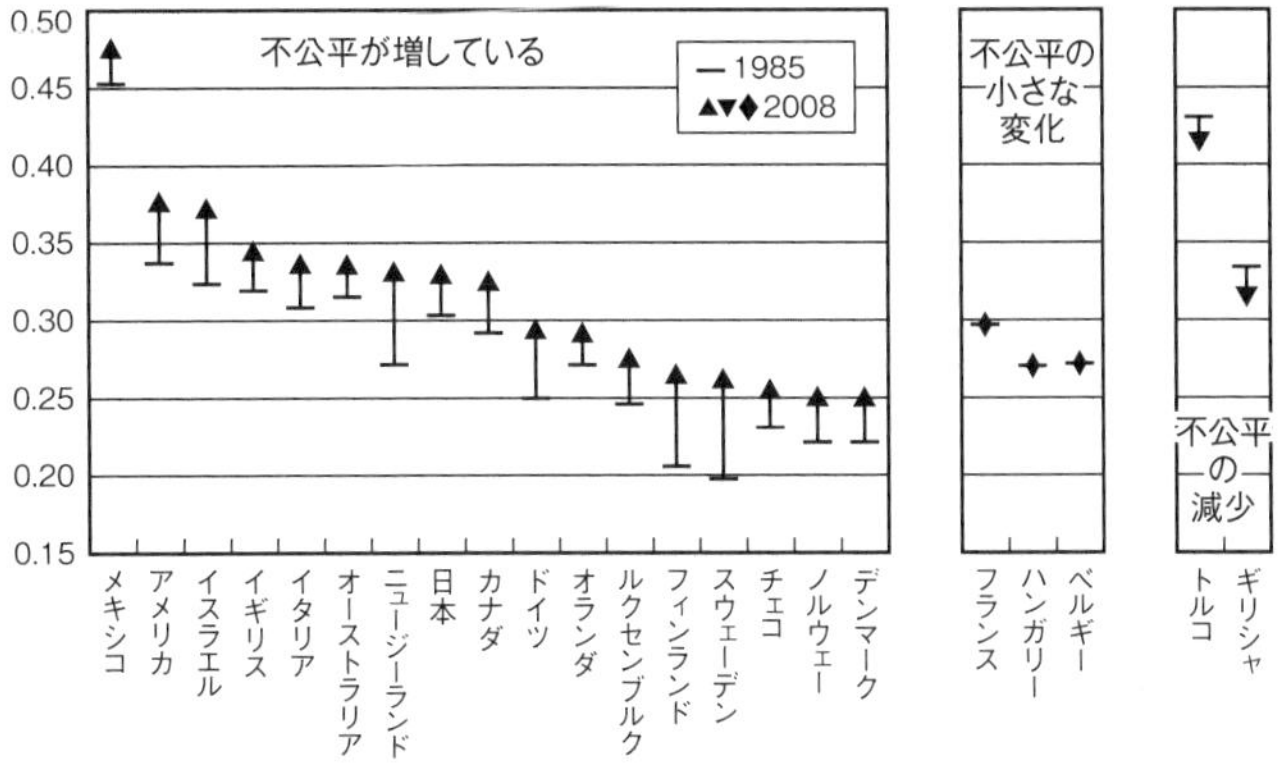

ノート:チェコとハンガリーに関しては、1980年代中頃を1990年代で代替
http://dx.doi.org/10.1787/888932315602.
Source: OECD Income Distribution and Poverty Database.
参照:http://www.oecd.org/social/soc/47723414.pdf

ら2008年にかけての加盟国のジニ係数の変化を示したものです。

貧富の差は1970年代にまずアメリカとイギリスで大きくなり始め、1980年代に入ると他の国にも広がっていきました。しかし、2000年以後は、デンマーク、ドイツ、スウェーデンなど、伝統的にジニ係数が小さく、貧富の差があまりなかった国でも、その差が広がっています。日本では貧富の差が広がったと大騒ぎの方がおられますが、それは日本だけの話ではないということです。

北欧諸国はアメリカやイギリスなど「アングロフォン国」に比べれば公平な国であり、金持ちに高い税金を課して貧民にも分

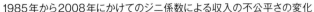

配するという「富の再分配」を行っているため、有名芸能人や、技術職が海外に移住してしまうことがあります。

例えば、ＨＲ／ＨＭ（ハードロック＆ヘビーメタル）音楽業界の凄腕《すごうで》ギタリストであるイングヴェイ・マルムスティーンは、スウェーデン生まれですが、母国の税金の高さにうんざりして、長年アメリカに住んでいます。しかし、最近では北欧諸国でさえも、その有名な再分配機能は弱くなっている傾向があります。

貧富の差の「３つの要因」と働き方の激変

ＯＥＣＤが２０１１年に発表した「Growing Income Inequality in OECD Countries: What Drives it and How Can Policy Tackle it?」では、世界的な貧富の差の拡大と、働き方の変化には、強い相関性があるとされています。

貧富の差が拡大したのは、

「グローバリゼーション、技術の進展、規制や構造改革が収入の再配分に影響を与えた」
「家族の形態の変化が各家計の収入に影響」
「税や社会保障の仕組みの変化」

の3つが引き金であるとされています。

最初の「グローバリゼーション」は、「投資や貿易を通して国内外の市場が統一されたため、国内外の働く人に影響があった」ということです。先進国から新興国に仕事を発注することや、新興国からもっと安いものやサービスを買いやすくなったことから、先進国の給料の高い人材や労働力が必要なくなったのです。さらに、情報通信などの技術が発達するので、ものやサービスのやり取りが簡単になりました。

世界的な規制緩和の波も、グローバリゼーションに関係があります。外国と取引するのに規制がゆるくなる国が増えたので、前に比べると取引も容易になり、新興国に仕事を依頼することや、ものやサービスを買うことが容易になったのです。

1980年には加盟諸国で海外直接投資は5%に満たなかったのが、2000年代後半になると50%近くになっています。**多国籍企業の海外事業が拡大し、付加価値の低い仕事が海外に外注されるようになったわけです。**規制の改革には金融の規制も含むので、機関投資家や個人投資家は、株、不動産、投資信託などの金融商品で儲けやすくなりました。

先進国では投資や貿易を通して国内外の市場が統一されると、国内の働く人の収入差が広がります。つまり、**海外に仕事を外注して、海外や国内で売る人は儲かるようになり、それ以外の人は賃金が下がってしまう**というわけです。これはまさに海外市場に依存している日本企業は好調なのに、国内市場に依存している企業は厳しい状況なのと一致します。

「家族の形態の変化が各家計の収入に影響」も重要な指摘です。かつては多くの国で、夫婦と子供という家族構成では、夫は外で働いて妻は家庭を守るという「伝統的な家族の形」が基本形であり、福祉や税金の仕組みは、それに沿って設計されていたのですが、多様な働き方、多彩な家族形態が増えてきたために、現状に合わなくなってきたということです。

例えばイギリスでは、約半分の家庭で女性が稼ぎ手です。フランスでは事実婚のカップルが珍しくありません。2回も3回も結婚する人もいます。北米や欧州だと、代理母経由で子供をもうける同性カップルもいます。

そのような家族の変化に合わせて、多くの国では、夫婦と子供、という形態に対して社会保障を提供するのではなく、個人ベースで社会福祉手当を提供したり、扶養家族控除をなくすなど、「社会福祉の個人化」が進みました。それと同時に、社会福祉全体が削減され、生活の質は、個人の努力次第という傾向が強まっています。

日本でも配偶者控除や福祉手当の削減が話題になっていますが、「税や社会保障の仕組みの変化」は日本だけの話ではなく、他の国でも起こっていることです。

働く場所の意味が消滅する世界

世界の経済構造の変化は、働き方にも大きな影響を与えています。先進国と新興国の間での取引が以前よりも簡単になったため、かつては先進国で行われていた仕事が、新興国で行われるようになりました。

新興国であっても、情報通信技術の進化により、バリューチェーン（ものやサービスが動き、動く過程で付加価値が加算されていくこと）の上層の仕事ができるようになったので、先進国はより多くの仕事を外注したり、生産拠点を移したりするようになったのです。

かつても、人件費が安い場所で生産活動を行う、という傾向はありましたが、2000年以後の違いは、それが、**製造業や単純労働だけではなく、知識産業などにも広がっている**という点です。また、製造業や付加価値の低い仕事であっても、生産管理を効率化するシステムが発達したり、ビッグデータを解析するシステムが発達したり、クラウドやグループウェアなど情報共有を効率化するシステムが発達したりすることにより、以前よりも、効率的に、さらに洗練された形で、仕事を外注したり、管理したりすることが可能になったのです。

ビジネスにおける国境の意味が薄くなったことにより、かつては国内で完結していたバリューチェーンが、全世界基準になったのです。

バリューチェーンとは、1985年にマイケル・E・ポーターが、著書『競争優位の戦略』で提唱した概念です。企業の活動が、どのような段階で価値を生み出すかを分析するためのフレームワーク（枠組み）で、5つの主活動と4つの支援活動の繋がりを分析する方法です（図13）。分析すると、自社の活動のコストや価値がわかりやすくなり、どの活動に力を入れるべきか、どこを削るべきか、ということがわかります。

例えば、日本のある食品製造会社が自社のバリューチェーンを分析した際に、サービス

図13 バリューチェーン

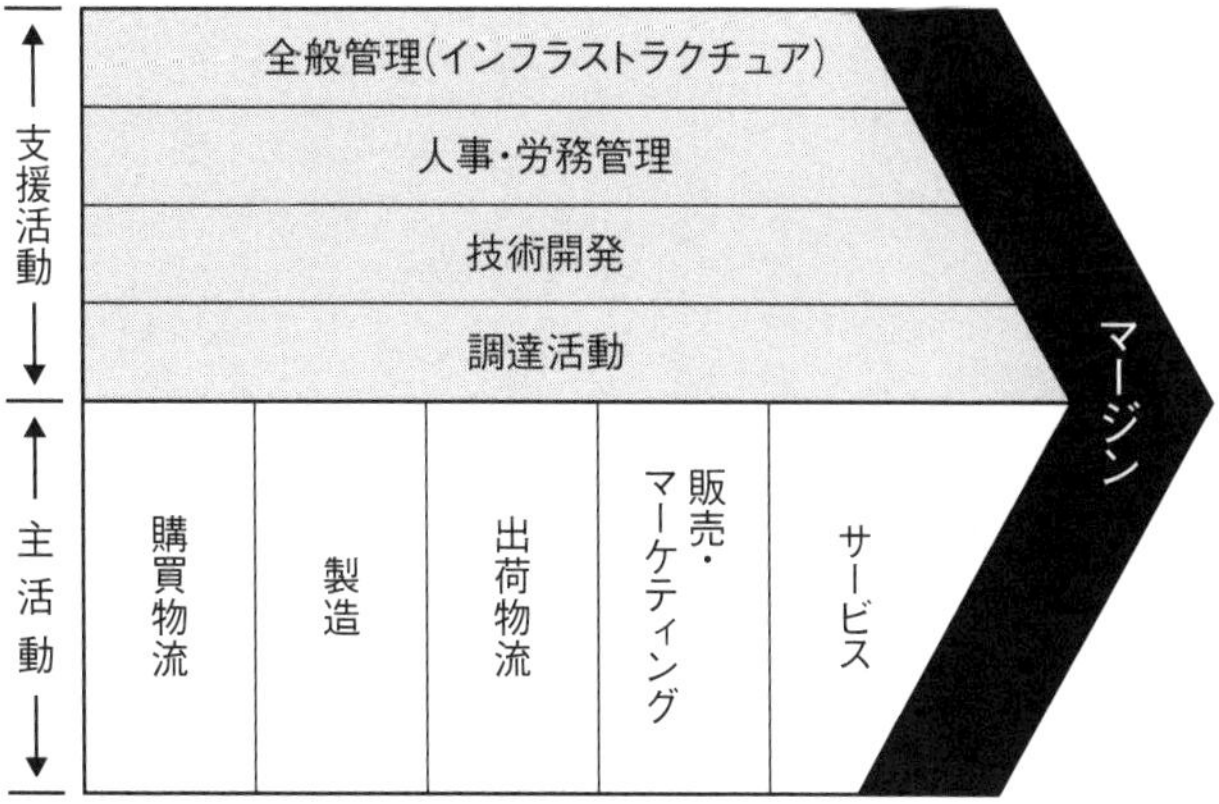

出所:『競争優位の戦略』マイケル・E・ポーター著より作成
http://business.nikkeibp.co.jp/article/manage/20110627/221149/

の部分は利益が少ない割にコストがかかることがわかり困っていました。しかし、某社の「顧客対応システム」を導入し、全世界に散らばっている在宅ワーカーを統括して仕事をしてくれる、フィリピンにあるクラウドソーシングの会社に対応部分のみを頼めば、現在の半分のコストで仕事をすることが可能になる、ということがわかりました。

以前であれば、海外と日本の間の通信費用は高く、品質も安定していませんでした。また、「顧客対応システム」も使い勝手が悪く、瞬時に各顧客の情報やクレームのコメント、対応商品の情報を呼び出すのが難しかったのです。

しかし、今では、様々な情報が統括されて使い勝手が格段にアップし、わざわざ自社でインフラを作って導入しなくても、販売会社からインターネット経由で提供されるようになったので、運用するスタッフも必要なくなりました。

さらに、フィリピンの会社が採用している人々は、全世界に散らばっているので、数カ国語対応が可能です。東欧やアフリカ、インドなど賃金の安い国に住んでいる人も多いので、格安でサービスを提供することが可能です。かつてはこんなふうに人を採用してサービスを提供することは不可能だったのですが、通信の品質向上と費用の低下、コンピューターの価格の低下、システムの向上、ネット経由で提供されるアプリケーションの存在などにより、物理的な場所を考慮しなくても仕事ができる環境になったのです。

かつては、本社や支社の営業部で、社内のシステムに保存された商品情報や顧客情報を手作業で探して、時給800円のパートさんが一人一人対応していたものが、今では、全世界から集まった、数カ国語に堪能な人々で可能なのです。

このように仕事をすることが可能な世界では、賃金は、全世界を標準として最低化され、全世界から、その仕事に妥当な人が選ばれることになるのです。つまり、かつては、外国に工場やオフィスを移転しなければ現地の仕事がもらえない、という状況だったのが、**自分がどこの土地にいても仕事をもらえる環境になったのです。さらに、市民権や雇用許可の有無、どこに住んでいるかも、関係がなくなっています。**

製造業の仕事は先進国で急速に減っている

仕事をする場所が関係なくなっている、という傾向は、先進国から製造業の仕事が急速に減っていることからも裏づけられます。

例えば、イギリスのビジネス・イノベーションおよび技能省（BIS〈2016年に廃止〉）によれば、製造業は1990年にGDPの22％を生み出していましたが、2014年には11％に低下しています。アメリカとフランスもほぼ似たようなレベルで、製造業の生み出す付加価値の割合は下がっています。製造業が強いはずのドイツや日本でもやはり割合は下がっています（図14）。

一方で、中国では、1990年には35・5％だったのが、2008年には42・7％に上

図14　製造業の仕事が減る先進国

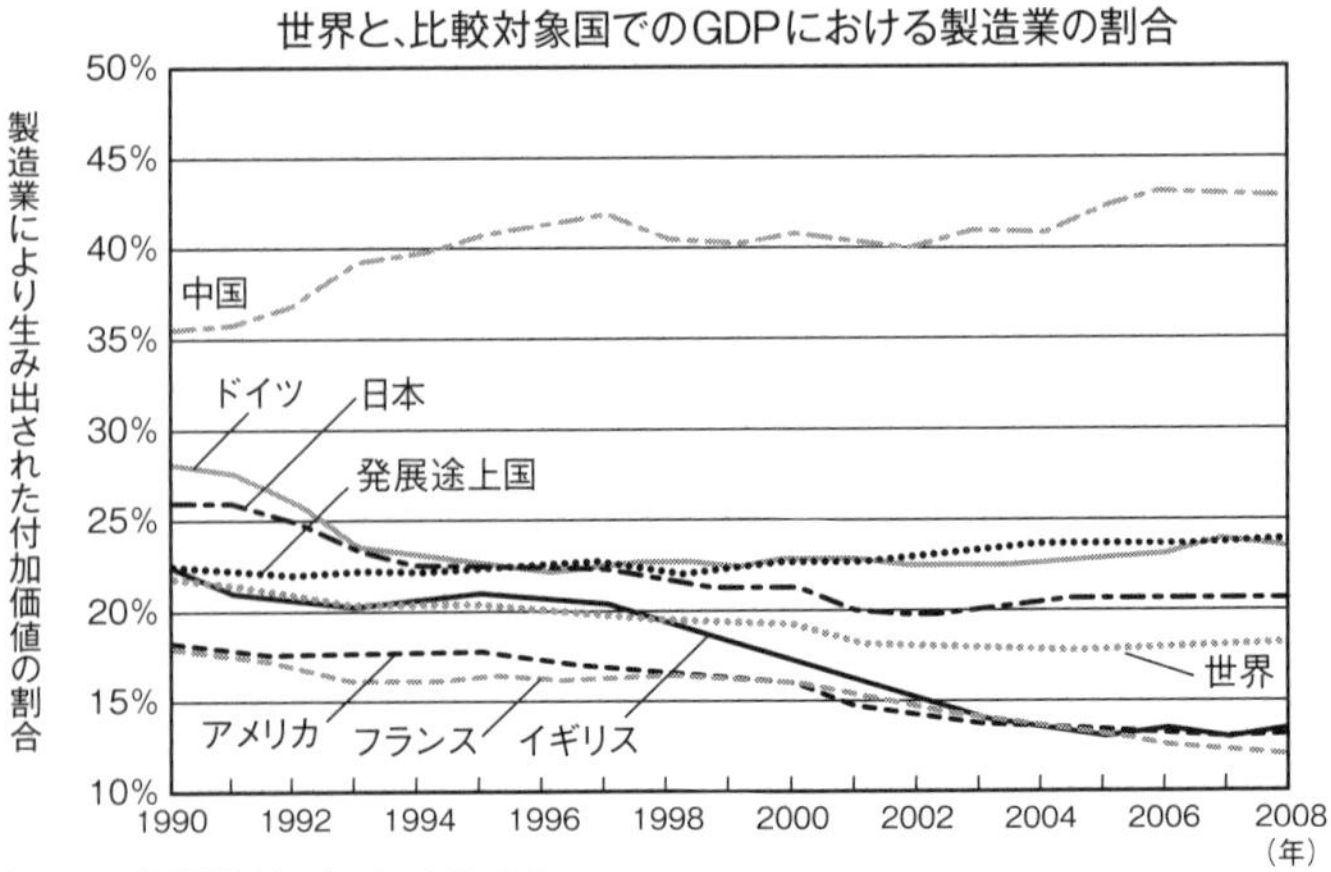

Source: UNCTAD Handbook of Statistics
https://www.gov.uk/government/uploads/system/uploads/attachment_data/file/31786/10-1334-manufacturing-in-the-UK-supplementary-analysis.pdf

昇しています。同省はこの変化を、製造業では多くの仕事が海外の新興国に外注され、さらに情報通信技術の発達により、サービス業に比べて、製造業の生み出す製品の値段が急落したことが原因だとしています。

　製造業が生み出す付加価値が減っている国では、1990年以後、製造業における雇用も減っています（図15）。

　イギリスでは1990年に510万人が雇用されていたのが、2008年には310万人までに減少しています。この減少は、アメリカ、日本、ドイツの方が大きいというのも注目すべき点です。また、製造業の仕事においても、企画やマーケティ

図15　製造業における雇用の減少

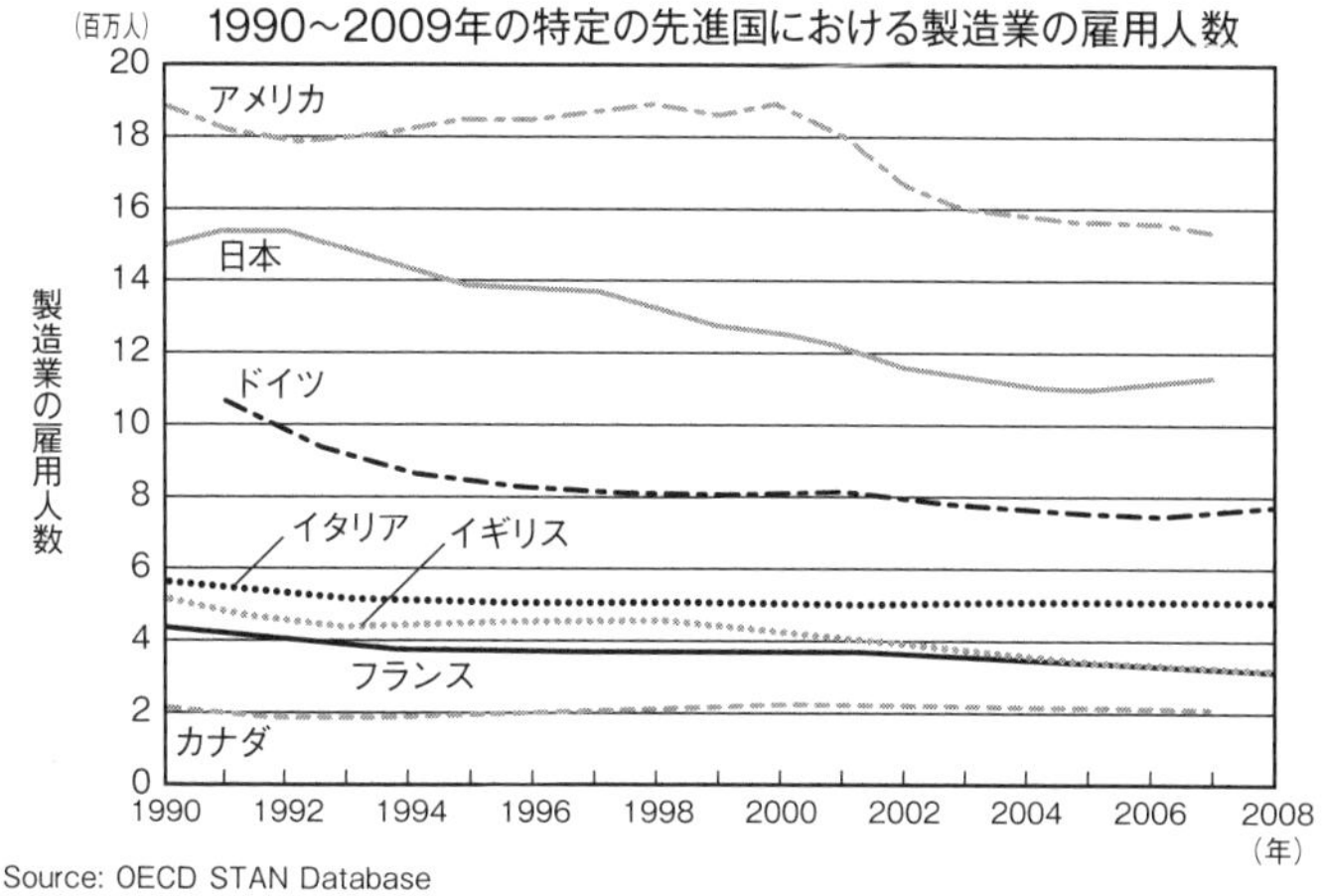

Source: OECD STAN Database
https://www.gov.uk/government/uploads/system/uploads/attachment_data/file/31786/10-1334-manufacturing-in-the-UK-supplementary-analysis.pdf

ングなどのサポート業務の仕事は増えていますが、製造管理や、生産エンジニアの仕事は減っている上に、賃金も下がっているのです。つまり、**バリューチェーンの下層部にあり、付加価値の少ない仕事は、製造業のうちでも、海外に出してしまう傾向が高くなっています**。製造業の仕事が減少した国では、その一方で、サービス業や金融による富が増えています。

「カイシャ」というシステムの終焉

働く場所の意味がなくなる世界というのは、すなわち、**オフィスや一緒に働く人、工場や機械などの生産手段がなくても、富を生み出すことが可能になる**、ということです。

現在一般的になっている株式会社というのは、そもそもイギリスで大航海時代に、貿易のリスクを回避するためにできた仕組みでした。

当時の船は木製で、航海技術も未発達だったので、航海中に船が沈没したり、海賊に襲われることが少なくありませんでした。レトルトパウチの保存食も、缶詰すらない時代で、水夫は腐った水と、蛆《うじ》虫の湧いたカンパンをかじりながら航海するという、大変ギャンブル性の高いものでした。沈んでしまう可能性の高い船一隻に出資するのは大変なので、出資者は、複数の人と集まって、航海の費用を出し合うようになります。複数が集まれば、より多くの資金が集まるので、船を補強することも可能ですし、水夫の壊血病を防ぐために果物を積み込むことが可能になります。

また、船が沈んだ際のダメージも小さくなります。つまり、**会社というのは、そもそも自分一人の力や資力では達成することが不可能な仕事を可能にしたり、リスクを回避したりするための「仕組み」だった**のです。この基本的な仕組みは、株式会社だけではなく、有限会社や合同会社でも同じです。近代になり、船は工場やオフィスに置き換わり、航海のお金を出す商人たちは共同出資者や株主になり、水夫たちはオフィスの同僚や上司になりました。

しかし働く場所が関係なくなる世界では、わざわざ複数の人と集まって、オフィスで働いたり、自ら工場やオフィスワーカーを抱える理由がなくなります。かつてに比べて、**安価に、そして、簡単な方法で、仮想空間で、限られた期間だけ会社のような形態を作って仕事をすることが可能になった**からです。

その象徴のような例がイギリスにあります。第2章でふれたジャック・ケイターは、ノフォークで16歳の高校生だった頃、コンピューターで遊ぶのが趣味でしたが、学校内のネットワークから、自分の好きなウェブサイトにアクセスできないことを不便に感じ、ある日の午後、自宅のリビングで、ノートブックコンピューターを使って「Hide My Ass!」というＶＰＮサービスを立ち上げます。ＶＰＮとは、一般に開放されているインターネット上で、自分専用のネットワークを作って使用するサービスのことです。

「Hide My Ass!」は、その便利さから、ネット掲示板などで徐々に話題になり、ケイターはサービスを拡大します。その際に、仕事をしてくれる人は、すべてUpwork.comなどのフリーランサーを雇うサイトから募集しています。

システムアーキテクトはウクライナのウクライナ人で、その他の協力者もセルビアなど世界各地に散らばっていました。フリーランサーは時間単位で雇用し、一度も会うこともなくサービスを拡大していったのです。事業を本格的に拡大することになって、ロンドンにオフィスを構え、一度も会ったことがなかった人々をオフィスに呼び寄せました。２０１４年にはサービスを約48億円で売却しています（http://www.theguardian.com/technology/2015/mar/15/hidemyass-startup-secrets-safe-with-jack-cator）。

この事例が示すように、今や、アイディアさえあれば、世界中に散らばっている人と仕事をすることで、コネも資金もない若い人でも、巨額の富を得ることができるのです。一方で、ケイターが採用したフリーランサーたちは、ウクライナやセルビアなどの新興国に住んでおり、地元のイギリス人ではないことにも注目すべきです。イギリスにも同じスキルを持ったサラリーマンやフリーランサーはいますが、適切なスキルを、妥当な報酬で提供する人が、物理的な距離を超えて雇われてしまったのです。

設備も資金もコネもない高校生ですら、世界に散らばる専門家を時間単位で雇い、管理し、成果物を確認し、事業を展開することができるということは、これが、**資金もコネも人材もある企業の場合は、より大きな規模で可能になる**、ということです。

つまり、物理的な空間が関係ない仕事であれば、世界中から、時間単位で働いてくれる人を探すことが可能なのです。**企業経営者から見た場合、正社員を抱えているよりも、必要な時に必要な技能や知識を持った人を、一時間いくらで雇うことができれば仕事は終わるので、わざわざ「カイシャ」という形態にする必要性がない**ということです。

これは、場所に関係なく仕事ができる業界だとすでに顕著です。例えば、ロンドンのＩＴ業界の場合、職場で働いている人の8割がプロジェクト単位の雇用、というのが珍しくありません。エネルギー業界や非営利団体、環境などの世界でも、プロジェクト単位の雇用が珍しくありません。ただし、プロジェクト単位で雇われる人々は、技能を売るので、時間単位の報酬が高い専門家として扱われます。

会社側では、正社員かプロジェクト要員かでの差別はほとんどなく、単に役割が違うだけ、という認識です。正社員の場合は、雇用が安定する代わりに報酬が低い、という違いがあります。景気が悪くなると正社員（誰かに雇われる）、景気が良くなると、プロジェクト単位で働くというサイクルを繰り返す人が少なくありません。

また、技能を売る働き方なので、年齢や性別、国籍であれこれ言われることはありません。あくまで、仕事ができればよいというスタンスです。ですから、出勤時間や、仕事が終わった後の夜の付き合い、中元・歳暮なども、仕事の成果には関係がありません。

これは公共機関ですらそういう傾向があります。例えば国連機関の場合、開発援助プロジェクトを実施する場合、国連職員が担当するのはプロジェクトの企画や管理なので、実作業のほとんどは、プロジェクト単位で雇用された外部のコンサルタントです。プロジェクト関係者の9割がコンサルタント、という場合も珍しくありません。

会社員がローリスク、ローリターンだった時代の終わり

図16 年間労働時間の比較

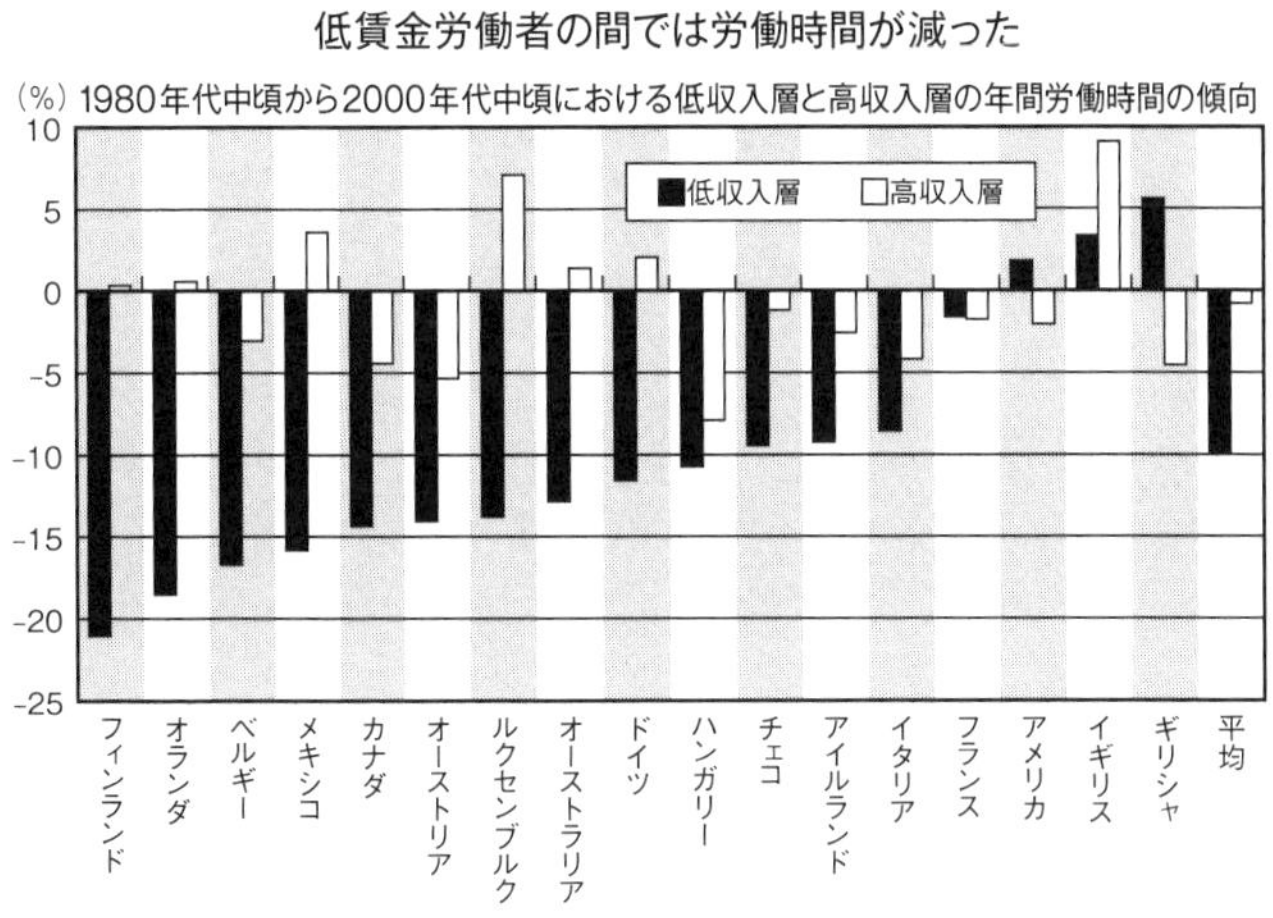

参照:http://www.oecd.org/social/soc/47723414.pdf

このように、働く場所が関係なくなっているので、先進国の企業では、わざわざ社員を抱える必要が薄れています。**多くの組織では、ごく一部の、意思決定をする幹部や、「富を生み出す仕組み」を考える人だけを残し、あとは、短期的に雇用したり、海外の人を雇う、という傾向が高まっています。**必要な人材は置いておき、景気の動向により、部署ごとレイオフしたり、海外に移動したりしてしまうのです。

図１６は、ＯＥＣＤによる１９８０年代中頃から２０００年代中頃の主要国の労働時間の推移を調査した結果です。低収入層は労働時間が減っている国が大半です。先進国では低収入層の仕事が合理化されたり、

海外に移転してしまったりしたため、労働時間が減っています。

かつては、オフィスでの情報共有や、仕事の管理が難しかったので、部署ごと海外に移転、という事例は多くはありませんでしたが、情報通信技術の発達で、かなり簡単になったので、思い切る組織が増えてきたのです。

それを裏づけるのは、先進国における、非正規雇用の増大です。先進国では付加価値の低い仕事が国内から消えるか、コストを削減するために非正規雇用などに置き換えているため、トップ層以外の賃金が下がっています。さらに、OECD加盟国では1990年代半ばから2000年代後半にかけて非正規雇用の割合が11%から16%に増加しています。これは、情報通信技術が発達し、金融やIT産業が以前にも増して盛り上がってきた時期と重なります。非正規雇用が増えているのはなにも日本だけの話ではないわけです。

つまり、正社員であっても、ある日突然クビになったり、部署ごと海外に移転してしまったりする可能性があるため、その地位は決して安定していないということです。正社員はかつては、自営業者などに比べると莫大な収入を得られることが少なく、ローリターンである一方ノーリスクでしたが、今では、正社員であっても、地位が安定しているとはいえないのです。

インターンにさえ格差が広がっている

サラリーマンの間で広がる格差は、正規雇用や非正規雇用など、すでに働いている人だけの話ではありません。日本以外の先進国では、学生のインターンシップでさえ、格差が広がっているのです。

例えばアメリカの「Forbs」誌の「最も報酬の高いインターンシップ」（The Highest-Paying Internships）という記事によれば、2012年1月から2014年1月にかけて調査した結果、最も高い報酬を得られるインターンシップの20社での報酬は、なんと月に6200ドル（1ドル＝120円換算で約74万4000円）です。つまり1年に換算すると、約890万円です。アメリカ国税調査によると、大人2人、子供2人の平均的な家庭の年収は630万円ですが、平均年収を軽く超える年収を、インターンシップの学生が得ることができるのです。

シリコンバレーのパロアルトにあるソフトウェア会社であるPalantir社は、CIAやFBIが顧客ですが、インターンの時給は42ドル（約5000円）です。日給にすると4万円近くになります。デスクトップPCの仮想化ソリューションで有名なVMwareの場合は、インターンの月収は7000ドル（約84万円）です（http://www.forbes.com/sites/susanadams/2014/03/07/the-highest-paying-internships/）。

インターンに高い報酬を支払うのは、シリコンバレーの企業だけではありません。インターネットで各企業の就労環境や給与の口コミ情報を提供しているGlassdoor（http://www.glassdoor.co.uk/index.htm）によると、ロンドンの場合、Microsoftの研究職インターンは月収3300ポンド（1ポンド＝180円換算で約60万円）、会計系コンサルティングファームは月収1300ポンド（約23万円）、ゴールドマンサックスやモルガンスタンレーなどの金融企業の場合は、月収2500〜3500ポンド（約45万〜63万円）です。

このような高い報酬を提示する企業のほとんどは、金融業界やIT業界です。どちらも知識業界の代表のような業界ですが、就職前の学生に高い報酬を提示して、優秀な人材の取り合いをする状況になっているのです。**裏を返せば、優秀な人材の数は少なく、それだけ高い報酬を提示しても、アイディアを提供する人や、高い技術を持った人の付加価値が**

高まっているので、他の企業と競争して獲得するのが難しい、ということがいえます。

その一方で、アメリカ、カナダ、イギリスなど、学生時代にインターンシップで経験を積み、それを元に就職するという国では、通常、インターンシップは無給か、最低賃金に近い報酬しか提供されません。無給や低い報酬でも、仕事をしたいという学生が山のようにいるからです。出版、ファッション、小売業、映画、テレビ、非営利団体などの業界は、無給インターンが当たり前で、数カ月間から1年以上無報酬で働いて、やっと助手などのポジションで雇ってもらえるという世界です。

しかし、実質的には学生の搾取に繋がっていることが多く、訴訟を起こすケースが目立っています。例えば、「GQ」などの雑誌を出版しているCondé Nast（コンデナスト）でインターンをしていた学生は、一日12時間勤務という激務なのにもかかわらず、時給は12ドルです（1ドル＝120円換算で約1440円）。アメリカとイギリスでは、インターンシップの学生に、最低賃金を払うという判決が出ています。

このようなインターンシップの格差は、仕事が増えている上に人手不足な金融やＩＴ業界と、それ以外の業界の格差というのを、冷酷に表しています。

欧州の大学が英語での教育を急ぐ理由

このような働き方の変化を受けて、欧州ではここ数年、英語圏ではない国でも英語で授業をする大学が急激に増えています。各大学が取り組んでいるだけではなく、国をあげて、グローバルな規模で激変する働き方に合う人材を教育するためです。

この章でご紹介したように、世界の富の多くを生み出しているのはアメリカです。そして、国境の概念が希薄になり、働く場所が関係なくなっている世界においては、ビジネスは、国境も人種も軽々と超えていきます。そのビジネスの言語は英語です。

欧州でもより良い仕事を得たいのであれば英語力は必須です。また、そのためには、英語で専門知識を身につけたほうが効率が良いため、国内の学生からも、留学してくる海外の学生からも、英語のコースへの需要があります。

若い人にとっては、英語ができるかどうかは死活問題になっています。欧州には、新卒一括採用がないために、若い人は日本以上に仕事を得ることが困難です。特に失業率の高い欧州南部はかなり深刻な状態で、スペイン、イタリア、ポルトガル、ギリシャに至っては、欧州北部や北米、豪州などに「出稼ぎ」に行く若い人が珍しくありません。出稼ぎする人々にとって、英語はできて当たり前のスキルです。欧州の大学の中には、授業のすべてを英語でやることにしてしまった学校もあるほどです。例えばイタリアのミラノで最も古い大学の一つであり、ノーベル賞受賞者を出しているミラノ工科大学は、２０１４年からすべての授業を英語で提供すると発表しました。

同大学の学長であるジョヴァンニ・アッツォーネ氏はＢＢＣのインタビューに対し、「私どもの大学のクラスは国際的であるべきだと考えている。国際的な授業を提供するには英語で授業を提供する他ない。大学はグローバルな競争に直面しており、他のグローバルな大学と競争するにはその他の選択肢はないのだ。もちろんイタリア語が世界の共通語であることを望むし、その方が私にとっても楽だけれども、現実を受け入れなければならない。学生は専門知識を持っているだけではなく、国際的な環境で働くことができることが重要だ」と述べています。同氏は10年以内にイタリアの他の大学も英語で授業を提供するだろうと述べています（http://www.bbc.co.uk/news/business-17958520）。

図17　英語のみの修士号コースの数と増加率

国　名	数	増加率（2008年と2011年比）
オランダ	812	2倍
ドイツ	632	7.1倍
スウェーデン	401	2.3倍
フランス	346	31倍
スペイン	327	40倍
スイス	237	7.6倍
ベルギー	214	3.4倍
イタリア	191	27倍
デンマーク	188	2.8倍
フィンランド	172	4倍

“English-Taught Master’s Programs in Europe: New Findings on Supply and Demand”という調査を読むと、欧州の大学が英語で実施するコースを急激に増やしている様子がよくわかります。2002年には英語で授業をする修士号コースはたった650しかなかったのにもかかわらず、2008年には1500と急増しています。

さらに、2011〜2014年になんと42%も増加し、4664に増えています。79%は英語のみで授業を実施し、21%は英語と他の言語を併用しています。また英語のみで教えられている修士号コースに入学する学生の3分の2は外国人であり、36%

はその他の欧州の国の学生、34%はアジア、12%はアフリカからとなっています。

規模の大きな研究系大学ほど英語のコースを提供する傾向があります。博士号を提供する56%の大学は英語のみのコースを提供している一方、学部のみの大学は27%です。1万人以上の学生がいる大学の62%が英語のコースを提供する一方、学生が500人以下の大学の場合は26%です。図17は国別の英語のみで授業を実施する修士号のコースの数と、2008～2011年の増加率ですが、若年失業に悩む欧州南部は急激にコースを増やしていることがわかります。51%のコースは調査時点から4年の間に設置されたもので、25%は2年以内に設置されています。

北欧の小国は修士号コースの大半を英語で提供しています。一方、ドイツ、フランス、スペインなど規模の大きな国はプログラムの一部を英語で提供しているという違いがあります。

欧州の大学がここまで急激にグローバル化対応を進めるのには、産業界や政府からの要望が大きい、という背景があります。**若年雇用対策が逼迫《ひっぱく》している欧州では、それだけ国をあげての危機感を持っている**のです。日本では大学のグローバル化を進めるために、入学時期をずらす、留学生を増やすといったアイディアが検討されていますが、どれも漠然としていて具体性があまりないものが多いように思います。

日本政府の教育再生実行会議では、「大学のグローバル化の問題点」が議論されています。山内昌之氏（東京大学名誉教授）は、「今後、抜本的改革なしに、これらの大学と競合を続けるのは難しいと予想される。このままでは、10年後、20年後にはすべての日本の大学が50位以内から落ちてしまう状況もあり得る。グローバル基準で言えば、日本の大学に最も不足しているのは国際化である」と述べています（http://www.kantei.go.jp/jp/singi/kyouikusaisei/dai6/s6.pdf）。

また同教授によれば、東京大学の場合、留学生数は2％未満で、他の大学の場合もっと少ないのではないかと述べています。

また留学生が少ない理由は、

「この要因の一つは英語による授業が少なく、日本語の出来ない学生が学べないことにある。この点は外国人教員比率の低さにも表れている。海外からの留学生を増やすには英語によるコンテンツ授業を増やす必要がある。（中略）留学生を増やすためにはじめられた試みに、英語による学位プログラム（いわゆるグローバル30）がある。これは来年度で5年目を迎え、補助金が打ち切られる予定である。しかし、多くの大学ではその後の予算が確保されておらず、せっかく始まった英語による留学生向けプログラムの将来が不透明である」「さらに語学力を高めるためには留学の機会をなるべく増やさねばならない。総じて、東京大学をはじめとする日本の有力国立大学学生の英語力は、世界的に見てあまりに低いのが特徴である。日本の未来を担う人材には豊かな語学力が必要であるが、それを兼ね備えている学生を教育するシステムは現状においても整っているとはまったく言い難い」

と述べています。

高い学費のために子ども部屋おじさんにならざるを得ないアメリカ人

非常に面白いのが、欧州大陸のこのような大学は外国人留学生も学費が無料だったり格安だったりするので、近年ではなんとアメリカやイギリスから入学する生徒が出てきています。アメリカは2000年以後大学の学費が高騰し、私立大学の場合は学費が2000年頃の3〜6倍、公立大学の場合も1・5〜4倍になっている例が少なくありません。私が交換留学していたアメリカ南部の私立大学はなんと学費が6倍になり、寮費や設備費も高騰したために、文系の学部だと1年で700万円もかかります。昔は学費が年に80万円ほどで、寮費は3カ月で食費や光熱費込で15万円もかからず激安だったのにです。プール付きの2LDKのアパートを韓国人女子学生とシェアしていましたが、家賃は光熱費込で1カ月1人1万7000円でしたが、今では6万円以上です。ニューヨーク州で通った私立の大学院の学費と生活費も現在では生活費などを含めると1年で1000万円もかかります。当時は学費が1年で140万円ほどで授業が取り放題、生活費も1カ月に5万円ぐらいでなんとかなりましたので年に200万円程度でしたから、ざっと5倍になった計算です。

アメリカの賃金はそんなに増えていませんので、大学生を抱えた家庭は大変な費用を負担していることになります。しかし当時よりも就職は厳しく、仕事は高度化しているので、学生も親も高い学費を負担せざる得ないのです。当然貯金は足りませんので借金をしますが、卒業時には1000万円以上を抱える人が少なくないので、今度は家を買ったり結婚することができません。アメリカも日本と同じく晩婚化していたり、30代や40代になっても親の家に住む「子ども部屋おじさん&おばさん」が増加しています。

誰もが「自分商店」にならざるを得ない時代

サラリーマンがローリスク、ローリターンだった時代を経験しているのは、日本だけではありません。**イギリスでも1980年代に20～30代だった人々というのはバブル世代です。**日本ほど景気は良くありませんでしたが、70年代に経済のどん底を経験したイギリスは、サッチャーさんの登場により、重厚長大産業である炭鉱や鉄鋼や造船を潰して、知識産業中心の国に生まれ変わりました。

その際に行ったのが金融ビッグバンで（これは日本で劣化コピーされましたが）、金融の自由化により金融街シティには大金が流れ込むようになり、頭を使って大金を稼ぐ人々が登場するようになりました。金融ビッグバンが始まった頃に金融やマスコミやファッション業界にいた人々はその恩恵を受け、日本のバブル世代のような華やかな生活を楽しみました。当時のサラリーマンはローリスク、ローリターンで、現在のように、ホワイトカラーの仕事までもが海外に外注されるとは夢にも思っていませんでした。また、サッチャー改革があったとはいえ、今よりも、製造業の仕事が多く、ロースキルの若い人でも安定した雇用にありつけた時代でした。

その人々の多くは現在50〜60代で、その子供たちは大学生や20代。ちょうど世の中に出て働き始めている世代です。ところが、この子供たちにとって、自分たちの親が若かった頃のように、経験があまりない若者向けのエントリージョブがたくさんあるわけではありません。どこも経験者重視だったり、専門性の高いスキルがなければ雇われにくくなっています。

しかも親が若かった頃に比べると、要求される仕事の専門性ははるかに高くなっており、仕事自体も複雑になっています。昔は電話や手紙でしていた仕事を、今はコンピューターで行い、通勤中や自宅にいる時でもメールやVoIP（Voice over Internet Protocol の略。いわゆるＩＰ電話など、インターネット通信を利用した音声通信サービス）で仕事に追いかけられるわけで、**昔よりも仕事で要求されることも、生産性も、仕事の密度もはるかに高まっているわけです。テクノロジーが発達すれば人間はもっと暇になるといわれていたのに、昔より忙しくなっているのです。**

親の世代は大学生に「ワタシが若い頃はこうやって遊んだものよ」「週末クラブで飲んだくれてた」と言う一方で、子供たちは資格取得やインターンのためにせっせと勉強したりネットワーキングに精を出したりしており、親は不真面目で子供はなんだか真面目、というまるで世代がひっくり返ったようなことが起きていたりします。これはイギリスに限ったことではなく、欧州大陸や北米でも似ているわけです。そしてバブル世代に当たる親と、その子供である今の日本の若い人も同じです。

親がバブル世代の子供たちは、誰もが「自分商店」、つまり、組織に頼らずに、知識やスキルを売りに、不安定な雇用の中で生きていかなければならない世界で大人になりました。**彼らの競争相手は他国の人々であり、国内の人々とだけ競争していればよかった時代は過ぎ去ってしまった**のです。

この若い世代のシビアさをさらに深刻化しているのがコロナ禍です。コロナで親たちは次々と失業し、大学生は授業に行けないどころかインターンシップやアルバイトすらできません。そこでスキルを身につけるために、実学やすぐに手に職がつく分野を大学で専攻する人が激増しているのです。イギリスの場合、2021年初頭に経営学部への入学に応募した人はなんと2020年の1・5倍になっている大学があります。またアメリカの場合、カリフォルニア大学の、2021年春学期の入学希望者が前年比で16％増加し、アフリカ系48％とヒスパニック系33％の増加です。雇用環境が厳しいためにスキルを身につけようとする人が増えているのです。カリフォルニア大学はこれまでは人種多様性を増やすためにアフリカ系やヒスパニックの学生の確保に苦労していたのですが、人種的少数派の応募者激増により大学側は目標値が達成されたという結果になっています(https://www.latimes.com/california/story/2021-01-29/uc-record-college-admission-applications-show-wide-diversity)。

日本も「働き方の激変」にのみ込まれている

日本では、日本の雇用環境と、海外の環境が比較されることはありませんが、このように海外で起こっていることを見てくると、**日本も世界的な環境の変化にのみ込まれつつあることがよくわかります**。

この環境の激変は、日本の雇用環境の変化にも影響を及ぼしています。内閣府の経済社会総合研究所の「経済環境の変化と日本的雇用慣行」という論文を読むと、日本の雇用システムはすでに崩壊しているということがよくわかります。

この仕組みは、かつてはOECDに「Three Sacred Treasures」(3つの神聖な宝：年功序列の賃金上昇、終身雇用、企業に組み込まれた組合)と呼ばれていました。終身雇用前提で若者を雇用し、企業内で様々な教育訓練を施し、年齢によって徐々に賃金が上がっていくという制度の中で、働く人は、安定を保障され、レイオフや能力の査定に脅かされることがなく、中長期で仕事に取り組んでいました。

企業の経営者と労働組合の関係は蜜月でナアナアであったため、他の先進国に比べると労使の関係というのは対立しておらず、経営者は労使関係の調整に気を使わずに企業を経営できたわけです。そのような経営者と組合の関係は、労使関係コストの削減と、安定した企業運営に貢献してきました。ところがその仕組みというのは、実はもうかなり前から崩壊しているのです。同論文では、1989〜2008年の「賃金構造基本統計調査」の個票データを用いて終身雇用制度の変化について分析しています(図18)。年齢別の終身雇用者比率と5年後の終身雇用者の残存率の変化を分析したところ、1990年代後半以降の大卒の若年層では終身雇用の比率は低下していますが、中高年層においてはそのよう

図18　製造業（大企業）における大学卒業者終身雇用の変化

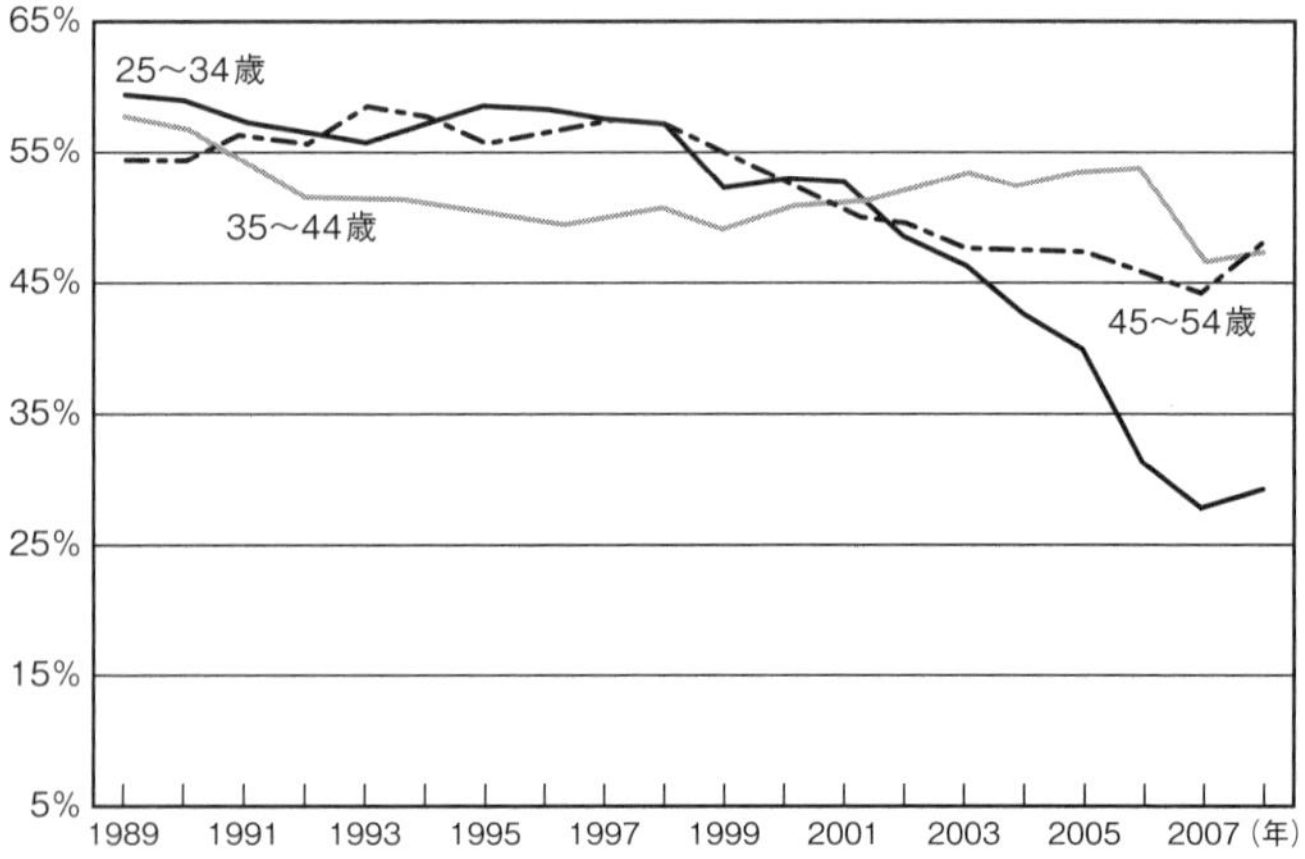

参照：http://www.esri.go.jp/jp/archive/e_dis/e_dis232/e_dis232.html

な傾向は見られないとしています。つまり、**終身雇用で採用される若者は減っており、しかしながら中高年がクビになる割合は多くはない**ということです。

詳しいデータを見ると、終身雇用が急激に減っていることに驚かされます。１９９０年には従業員１０００人以上の大企業勤務の25～29歳の若者の63・３％が終身雇用であり、５年以内にその企業に留まる率は88・８％でした。しかし２００８年には終身雇用の比率は40・３％、５年以内にその企業に留まる率は74・３％に減っています。大企業では25～34歳の大卒者の終身雇用が２０００年を境に急激に減っています。

終身雇用で採用され、同じ企業に勤務する人の賃金にも大きな変化が現れています。賃金上昇は1990年代を通じて徐々に緩やかになり、2007〜2008年になると40歳以降では賃金がほとんど上昇していません。この傾向は、非製造業で働く大卒の労働者で顕著に見られるとしています。

同じ企業で働いていても賃金が上昇しないため、大卒若年層は2000年以後になると、終身雇用の仕事を捨てて、転職する傾向が高まっています。一方で、雇用の流動性がないため、中高年は転職先を見つけられず、転職せずに同じ職場に留まっているのです。

同論文の調査結果によれば、日本の雇用システムでは、中高年の賃金と雇用を維持するため、企業は若年層の雇用を抑制し、終身雇用の正社員として雇用するのはごく一部のコア社員（幹部候補）のみだけで、その他は、調整可能な非正規雇用やパートタイマーで賄っている、とされています。

1975年以後に生まれた者は、コア社員として雇用される機会を得ることが困難になっており、高い教育を受けたとしても、雇用システムの外にはじかれてしまうというわけです。つまり、**日本型の雇用システムは、若者にも辛《つら》く、中高年にとっても辛いシステムなのです。**つまり、海外と同じく、日本でも海外に仕事を移転し、さらに非正規雇用を増やすことでコストを抑制しているのですが、中高年の雇用を守るために、非正規雇用の人々や若年層に、強い負担を強いているわけです。

日本の終身雇用はすでに崩壊している

同論文の結論は、提示されるデータ以上に衝撃的です。

「これらの結果は、近年の高齢化による労働者の年齢構成の変化や成長率の鈍化により、年功賃金制と終身雇用制がともに維持困難になっていると考えると理解しやすい」という結論になっています。

この論文、原文は英語なのですが、英語だと、

Again, from the viewpoint of the institutional complementarity, the widely-observed dropout of the young workers from the lifetime employment system probably suggests that the Japanese employment system has started to degenerate, and is not sustainable in the long run.

「長期的には日本の雇用システムは維持が不可能だ」と、かなり強い調子で述べられています。つまり、**日本の雇用システムは機能不全を起こしており、維持は不可能であるが、企業はそれを変えようとはしていない**、ということなのです。

内閣府の経済社会総合研究所は、他にも日本型雇用に関する論文を発表しています。「弱まる日本の長期雇用制度」という論文では、世帯ベースの就業構造基本調査（ＥＳＳ）と事業所ベースの賃金構造基本統計調査（ＢＳＷＳ）のマイクロデータを用いて日本の雇用システムを検証しています。

同論文では、１９７０年生まれの労働者は、１９４５年生まれの労働者と比べておよそ20％勤続年数が短いという結果を得ています。また同論文は、「長期雇用関係の弱まりは、企業規模間、産業間で一様に観察された」という結論を述べています。

つまり、大企業においてはコア社員を終身雇用で雇用する企業はまだあるが、終身雇用制度は、企業の規模、さらに業界の違いにかかわらず全体として減っているというわけです。

前にご紹介した論文同様、日本型雇用は根本的には変わっていないが、その同じシステムの中で、外部要因に合わせて企業を運営していくために、若年層の終身雇用を抑制したり、レイオフは行わなかったりするなど、微調整を行っている、ということなのです。

これは例えば、**外科手術で治さなければならない疾患を持った人が、怖いから手術はせずに、マッサージやシップでその場しのぎの対応を取っている**、というのと同じです。

終身雇用や年功序列で賃金が上昇するという、ある意味、働く人全員が公務員状態、すなわち、社会主義制度を資本主義の経済の中で実現していたのが日本だったわけですが、そのシステムは、今や過去にシステムの一部となった人の雇用を維持するための形骸化したものとなっており、機能不全を起こしている、というわけです。

かつては、成長が前提であったため、中長期視野でビジネスを展開し、長期的視野で人材を育成していくというやり方が最適だったわけですが、減少する正規雇用が、若者の将来への不安に大きな影響を与えているのです。

若者が結婚しない、若者が物を買わない、若者が車を買わない、若者は将来なんて心配しないで散財しなさい、と言っているネット論壇の人々や老人たちは、若者の嗜好《しこう》が変わった、大人になりきれていないなどの的外れな指摘をしがちです。若者が晒されているこのような「構造的な不安」を理解していないようです。

グローバル化の波にのみ込まれる日本の若者

社会統計学者である舞田敏彦氏が作成されたグラフ（図19〜21）を見るとよくわかりますが、２００５年と２０１４年を比べると、20〜29歳の若者のうち、今後の収入や資産の見通しで悩んでいる若者が急増しています。特に25〜29歳の場合、２００５年には28％程度だったのが、２０１４年には40％近くになっています。

今の生活を充実させるよりも将来の生活に備えたいと答える若者も急増しています。２００５年には25〜29歳の若者で将来に備えたいと答えていたのは43％程度だったのが、２０１４年には60％を超えています。

若者が不安に感じるのは当たり前です。舞田敏彦氏の別のグラフ（図21）を見るとよくわかりますが、かつての中間層であった年収５００万〜６９９万円程度の人は減り、年収

図19　今後の収入や資産の見通しで悩んでいる人の割合

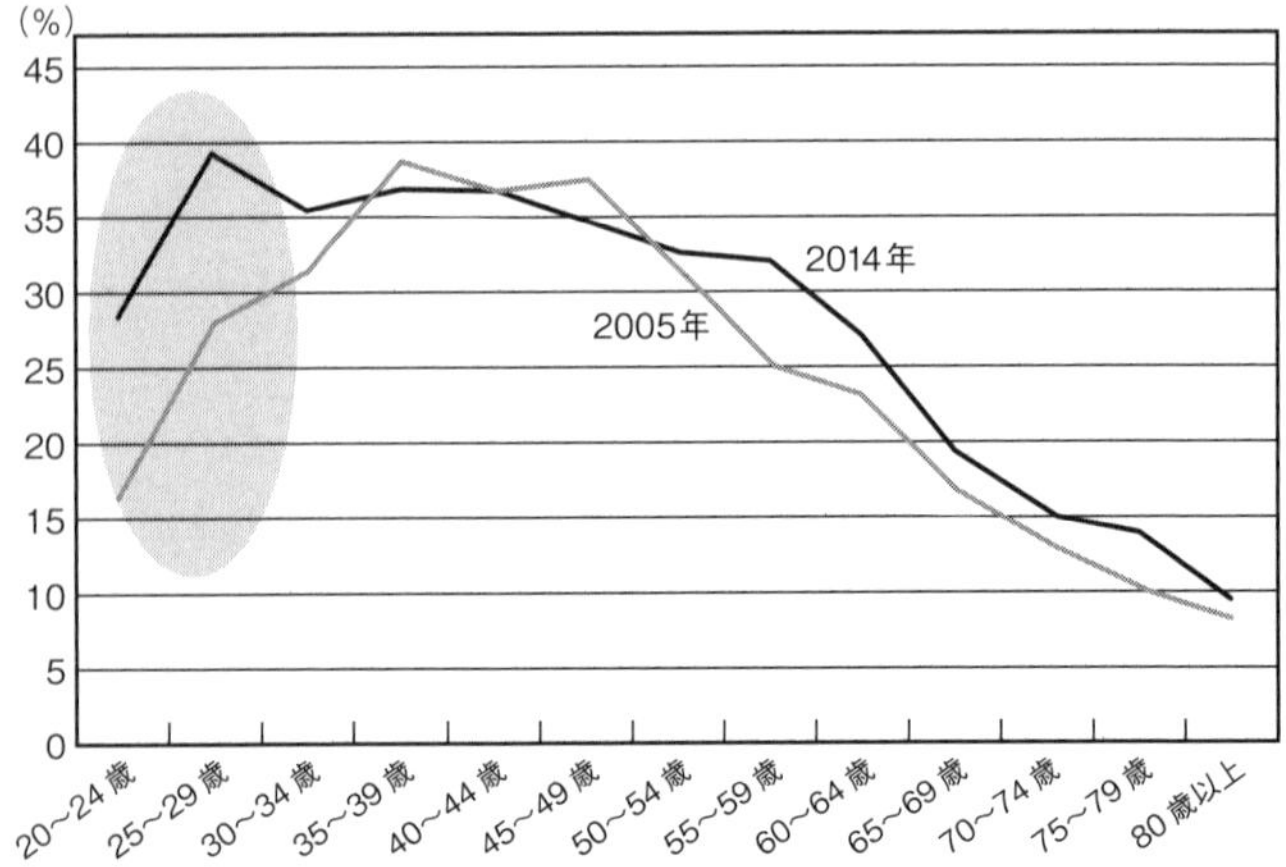

資料:内閣府『国民生活に関する世論調査』　作成者:舞田敏彦(@tmaita77)
https://twitter.com/tmaita77/status/505989262529933312　より引用

300万円台の人が増えています。

将来が不安定な非正規雇用の若者が増えている上に、その賃金は、企業のコスト抑制により、どんどん減っているのです。コア社員以外の賃金が減るのは、他の先進国の傾向と同じです。

これはただ単に企業がコストを抑制しているからということではなく、グローバルな規模で、賃金が最適化されている流れに沿っているのです。

このようにグローバルな規模での変化に、日本の働く人々ものみ込まれています。そのような中で、生き残るために一体何をするべきなのでしょうか？

図20 将来に備えるか、毎日の生活を充実させて楽しむか

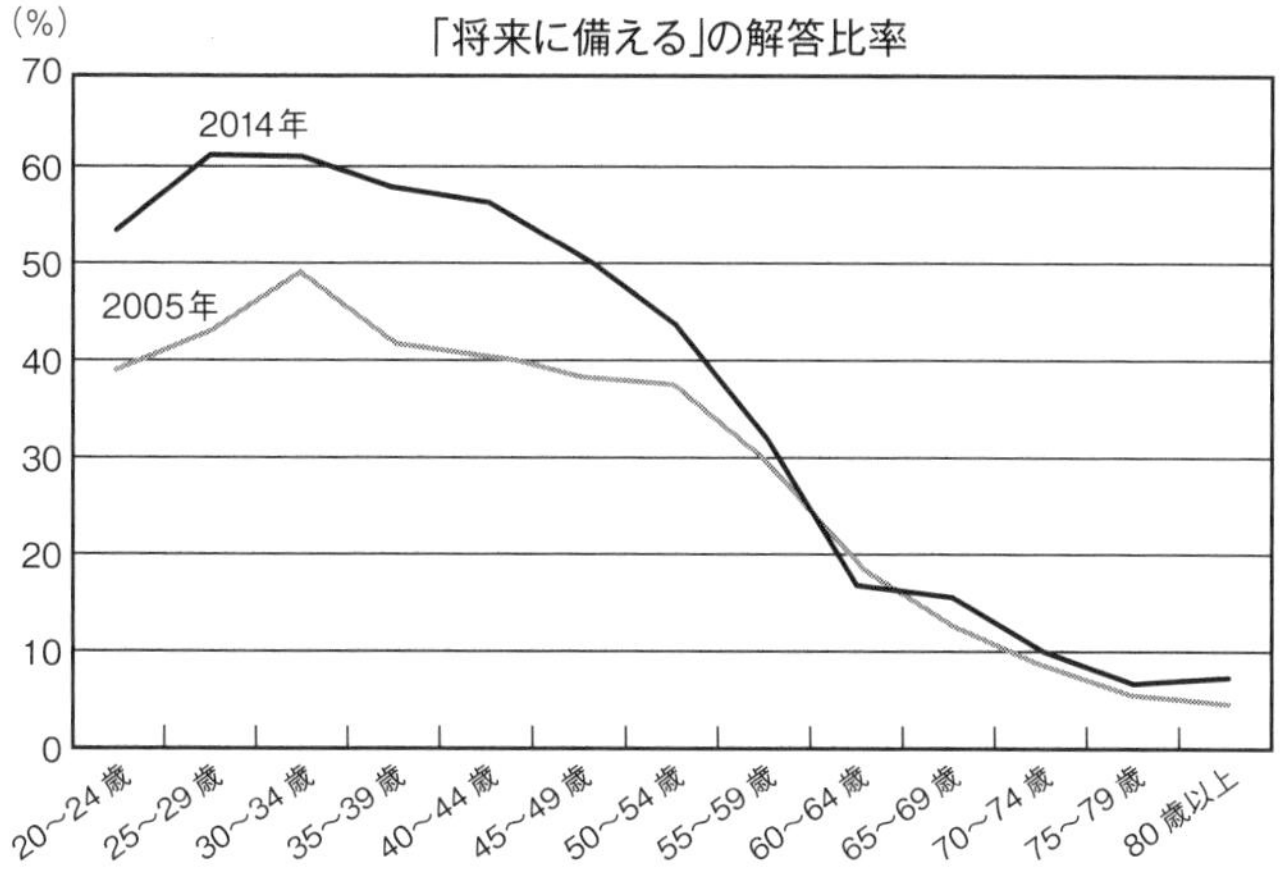

資料:内閣府『国民生活に関する世論調査』 作成者:舞田敏彦(@tmaita77)
https://twitter.com/tmaita77/status/505984395648315393 より引用

図21 30代男性の年収分布の変化

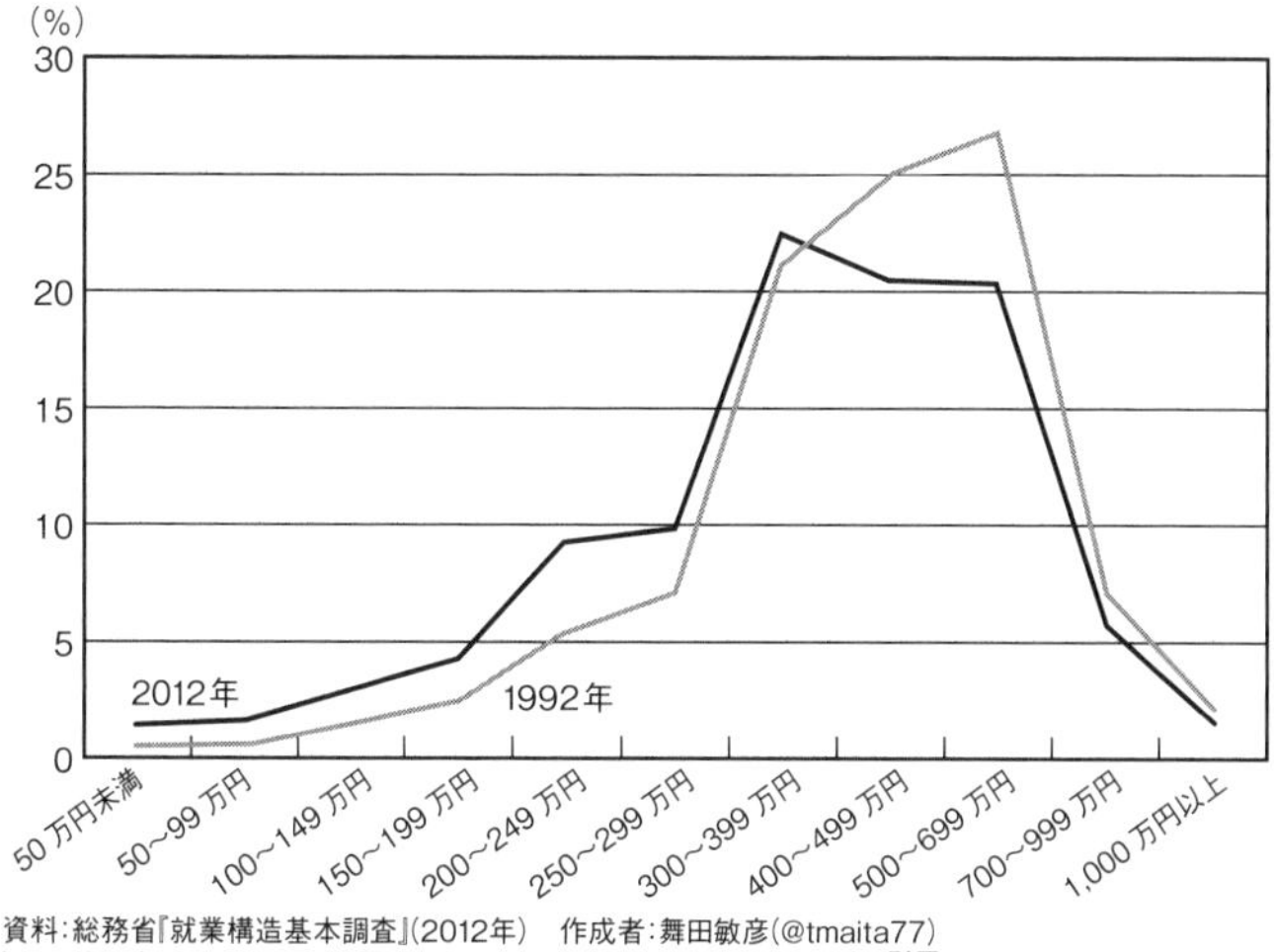

資料:総務省『就業構造基本調査』(2012年) 作成者:舞田敏彦(@tmaita77)
https://twitter.com/tmaita77/status/506777511074611200 より引用

35歳転職限界説は日本だけ？

日本のメディアでは、ときどき「35歳転職限界説」なるものが登場します。35歳を過ぎると、転職が難しくなるか、ほぼ不可能になってしまうということを指します。

私の周囲には、日本でも35歳を過ぎてからどんどん転職している人が少なくありませんので、35歳を過ぎたら転職できません、という記事を見ると、なんだか奇異に感じます。

北米、オセアニア、イギリス、フランス、ドイツは日本に比べると、転職する際に年齢が足かせになることは少なくなります。そもそも履歴書に年齢を書く欄がありませんし、年齢によって差別をすることが禁止されています。ただし、日本よりもシビアといえばシビアな点があります。年齢＜スキル（＝ようするにいくら稼げるか）なので、若くても稼げない人、スキルがない人は雇われませんし、年を取っていても、稼げる人は大歓迎です。

IT業界、医療、研究など熟練者でないと仕事をこなせない業界だと、プロジェクトメンバーにかなりの数の高齢者を入れて、若い人と一緒に仕事をやってもらうことも珍しくありません。私がいたイギリスとイタリアの現場だと、60代でいったん定年になった方にお願いしてプロジェクトに入ってもらったりしていました。

彼らは汎用機、テレコム、金融システム開発、プログラム管理（プロジェクトをいくつか統括するので、場合によっては、数十人から数百人を統括する）の専門家で、年金をもらいつつ、インディペンデントコントラクタをしています。彼らの日給は10〜20万円程度です。個人事業者として働いている人もいますし、会社組織を作ってしまっている人もいます。

契約はクライアントである会社と直接だったり、中間に派遣会社が入ることもあります。ただし、ここでは、派遣会社は日本のような搾取はしないので、あくまで代理人という立ち位置です。暴利をむさぼるような派遣会社には、人が来てくれなくなってしまうので、あまりひどいことはしません。インディペンデントコントラクタが高給取りな理由は、正社員ではないからです。雇用がプロジェクト単位で不安定なので、その代わりに、報酬が高いのです。

こういう職場では、様々な現場、様々な業界を渡り歩いている人ほど経験豊富なので喜ばれます。一社しか経験がないような人だと、様々な問題への対処が不可能なので、お呼びがかかりません。**有能な人ほど経験社数（もしくはプロジェクト数）が多いです。日本の純血主義を喜ぶ文化とは正反対です。**採用側の管理者は彼らよりも若く、30代という場合もありますが、重要なのはアウトプットを得られるかどうかですから、年齢は気にしません。古いシステムや汎用機だと、長年業界にいる人でないと、直せなかったり分析ができなかったりするので、熟練者は貴重で、各社で取り合いになることがあります。

ただし、キャリアの長い人や経験豊富な人が、若手ばかりの職場で、エントリレベルで転職するのは難しいこともあります。周囲とうまくいくかどうかを考えて、採用担当（事業部長とか事業課長とかプロマネ）が採用に積極的ではない場合もあります。年齢が問題なのではなく、周囲とうまくやっていけるかどうかの話なので、うまくいくようなら採用です。40代後半の人が20代ばかりの中に入って、毎日和気藹々《わきあいあい》とやっている職場もあります。

そもそも、様々な人種や文化的背景の人がいると、年齢は属性の一つにすぎない上、そもそも人種が違うと一体何歳なのかわからなかったりするので、年齢のことはあまり気にしない人も多いのです。新卒一括採用もありませんし、転職も頻繁なので、キャリアパスも人それぞれです。同期とか、何年入社なんて社歴も関係ありません。共通言語の英語には日本のような敬語がないのも、年齢を気にしなくてすむ理由の一つかもしれません。

第4章

生き残りたければ「自分商店」を目指せ！

働き方に悩む暇はない

第3章では、グローバルな規模での働き方の変化に日本ものみ込まれつつあることを説明しました。**グローバリゼーションを一言でいうならば、地球全体でものや人が動くことが簡単になった**、ということです。

かつては国境や規制のため通信手段が高額だったり不便なために動かすことが難しかったりしたことが、簡単になったため、経済、住宅、文化、働き方など様々なことに変化が起きたのです。

これらの変化は、為政者が無理やり起こしたことではなく、市場の力、つまり、それを望む人が多いからこそ起こったにすぎません。いったんインターネットに流出してしまった情報を止めるのが不可能なのと同じように、市場の力が起こした変化を止めることは不可能です。

しかし、このような変化を恐れる必要はありません。グローバリゼーションに関する報道を見ていて気になるのは、恐怖をあおるばかりで、建設的な対応策を考える「ヒント」を議論するものがあまりにも少ないことです。

仕事の未来を予測せよ

アメリカ労働統計局（BLS）によると、一般的なアメリカ人で仕事をしている人は、一日のうち3分の1から3分の2以上の時間を仕事、もしくは、仕事に関する活動に費やしています。睡眠時間や休息時間を考慮した場合、多くの人は、一日の半分以上か、ほとんどの時間を仕事に費やしているといえます。

日本人よりも労働時間の少ないはずのアメリカ人ですら、こんなに多くの時間を仕事に費やしているのですから、日本人に関しては考える必要もありません。

人生のうちのこんなにも長い時間を費やさなければならないのが仕事です。ですから、生活の質の向上のためにも、仕事は慎重に選択するべきなのです。将来の先行きが不安定な現在においては、今日明日のことを考えるだけではなく、5年後、10年後の将来を、ある程度予測して仕事を選ぶ必要があります。

社会の動きの予測は、一般人の生活には関係がないような気がしますが、就職、転職、家を買う、結婚など、人生の先行きを左右する決定をする時に、先を見越して考えるのと、ただ漫然と考えるのとでは、その結果に大きな差が出てしまいます。

例えば、ある地域の不動産を買う際に、その土地の将来を予測しないと痛い目にあうことがあります。高齢化して人口が減っている土地では、将来そこに住む人は減ります。自治体の税収が減ります。住民税が高騰する一方で、行政サービスは低下します。働き盛りの人は確保できないので、企業が移転してくる可能性もありません。せっかく不動産に投資しても、20年後に価値が下がってしまうのでは意味がありません。

不動産の先行きは一例ですが、仕事に関しても、これはまったく同じことです。

例えば、イタリアは１９４５〜１９６３年に「経済の奇跡」を経験します。１９５９年のＧＤＰは６・４％、１９６１年には６・８％に達します。安価な労働力と手頃な価格の石油の恩恵を受けて、まるで今の新興国のような好景気だったのです。大都市には次々にモダンな建築物が造られ、投資が活性化していました。

しかし、1970年代に入ると、労働コストの増加や汚職の蔓延、構造改革の遅れなどが原因で、1990年以後は、微妙な経済成長とマイナス成長を繰り返し、2012年のGDPはなんとマイナス2・77％になってしまいます。製造業の多くは中国など海外の企業に負け、今や、お家芸であるイタリアの高級ブランド品でさえ製造は中国です。

労働コストの増加や構造改革の遅れが経済の停滞を招くだろう、ということは決して予測不可能でありませんでしたが、時代の流れを読まなかった人々は、イタリアが停滞する可能性を考えませんでした。

ある程度先を予測していた人は、イタリア国外に資産を移したり、停滞していくイタリア企業への投資をやめたり、商売替えをしたり、需要が生まれそうなスキルを磨いたりして生き延びることに成功しましたが、変化への準備を怠《おこた》った人は、現在大変厳しい生活を強いられています。

「人気企業ランキング」は参考にしてはならない

　仕事の未来を予測するのには、マスコミで毎年発表されるような人気企業ランキングは参考にするべきではありません。ランキングは、あくまで求職者の、主観的な「印象」をもとに作成したものです。

　その会社や職業が将来存在している可能性、どれだけの付加価値を得ることができるか、働く人の生活の質が向上するかどうか、その職業や組織は将来市場でどのような位置を占めるか、その組織はどんな特許を持っているか、その組織は違法行為に手を染めていないか、などといった、**職業や組織の未来を決めるような、客観的な情報に沿ったものではない**からです。

　その組織や職業が、雑誌やテレビで大々的に取り上げられていたかどうかも参考にはなりません。その組織は、もしかしたら、大口の広告スポンサーかもしれません。株価を釣り上げたい投資家がメディアに便宜をはかっているのかもしれません。もしくは編集長や記者が、単にその組織に知り合いがいたり、その職業の人と親しいだけなのかもしれないのです。

マスコミが情報を取捨選択する方法は、視聴者や読者が想像する以上に、客観的なわけではなく、様々なしがらみや、主観的な思い込みに沿っているのです。

残念ながら、職業や働く組織を選ぶ際に、人気ランキングのような主観的で、なんのデータの裏づけもない情報を参考にしたり、漠然とした印象で決めてしまう人があまりにも多いのも事実です。同級生や家族の評判、テレビで見たかどうかも関係がありません。

「渡り鳥」になれ

吉村仁氏の『強い者は生き残れない　環境から考える新しい進化論』（新潮選書）によれば、生物は進化の過程において、自らの生命を侵すような環境から「逃げる」能力を身につけることで生き延びてきたそうです。

例えば、渡り鳥が季節の変化に応じて移動するのは、冬季にエサが減る北から、エサの豊富な南へ移動することで生存確率を高める「戦略」です。しかし、必要がなければ移動はしないのです。

本来渡り鳥であると思われていたタンチョウですら、冬季でもエサが豊富なところに住んでいると南へ移動しません。つまり、必要であれば移動することで、自らを、置かれた環境から独立させるという生存戦略は、生物にとってごく普通のことなのです。

これは人間にとってもまったく同じことです。政情不安定な国に住んでいる人は、難民として先進国に移住します。

例えば、2014年には、シリア、ソマリア、リビア、チュニジア、エリトリアなどから、約10万人の人々が、地中海を渡って、難民としてヨーロッパにやってきました。サッチャー改革後に重工業や炭鉱が閉鎖となり、仕事が激減したイギリス北部の人々は、より良い生活を求めて南部に移住していきました。人間だって、自らの生存戦略を侵す条件を避けるために、移動するのは当たり前のことなのです。

現代の人間にとっての「エサ」である仕事が、生存を脅かすような状況なのであれば、移動するのも当たり前だといえるでしょう。**グローバリゼーションが進む中で、沈下していく仕事から、将来より多くの「エサ」が得られそうな仕事に移動するのは、生き延びるための生存戦略です。**

生存するための確率を高めるには、他人からより求められるようになる仕事を選択することが重要です。生き延びたいのであれば、需要が減る仕事、つまり、人々から求められなくなる仕事は避けなければなりません。

例えば、40年前は、製造業で製図技師が大活躍していましたが、CADが普及するに従って、手で図形を描く仕事の需要はなくなり、その仕事は、ほぼ消滅してしまいました。当時は安定した技能職で、それなりに良い収入を得られた仕事だったため、消滅すると考える人は少なかったのです。その一方で、当時は、まだまだその可能性が低く見積もられていたプログラマーの仕事は、現在では知識産業の花形のような仕事です。

「職種の需給予測」を参考にせよ

しかし、仕事の未来はどのように予測したらよいのでしょうか？

「仕事の未来」に関する様々な書籍が出ていますが、私が薦めたいのは、（1）数年にわたって仕事の動向を「定点観測」（定期的に観測する）しているレポートと、（2）数値データを収集して調査研究した学術研究です。

（1）の定点観測したものとしては、『The Jobs Rated Almanac: The Best Jobs and How to Get Them』（iFocus Books）という書籍があり、同書は、２０１５年度版で７３０ページ近くある分厚い辞書のような本で、電子書籍版も出版されています。１９８８年から、仕事について、各種の評価を定点的に実施しています。アメリカにおける最高の仕事と、最低の仕事、それらの中間年収や仕事の将来性、どうやったら就職できるか、という情報をまとめたものです。この書籍の一番面白いところは、30年近くにわたって、定点観測しているため、時代の移り変わりにより、仕事の報酬や将来性の推移がわかることです。

例えば、2002年には編集者の仕事というのは、上から数えて31番目に良い仕事でしたが、2014年には139位です。2015年にはさらにランクが低下し、なんと最下位の200位になってしまいました。

デジタル革命とインターネットの普及により、出版業界の収益構造は悪化し、編集者の仕事がどんどん減っているのがその理由です。同書は、近年の仕事の変化は、主に、通信技術の変化により引き起こされている、としています。

このような変化は、決してアメリカ独自のものではありません。グローバルに起きている変化とリンクしています。また、仕事の推移を丹念に見ていくと、親や親戚など、かつては現役だった人々が置かれていた仕事の環境や、そのやり方というのが、今では大きく変わってしまっている、ということがよくわかります。**かつては有用だったかもしれない大先輩たちのアドバイスも、職業選択に関しては、今はまったく役に立たないのです。**

また同書の良い点は、職業ランキングが漠然とした「人気度」で作成されているわけではなく、「就労環境」（感情的な環境、物理的環境）、収入、仕事の需要の伸び、収入の伸び、失業の可能性、ストレスなど、仕事自体の質も含め、全体的に評価されている点です。

職業や会社の名前にとらわれてしまい、その仕事が、自分の生活をどのように変えるのかには、注意を払わない人が多いのですが、ストレスや労働時間は、その仕事の継続性と深く関わるので、将来性を考える上で、十分に考慮しなければなりません。

グローバリゼーションが進む中で生き残れる仕事

これからの仕事のことを考えるにあたり、アメリカではどんな仕事が「良い仕事」とされているのか見てみましょう（図22）。

これは1～10位のランキングですが、ランキング30位程度までを見ても、上位を占める仕事の傾向がはっきりしています。

最も将来性があり、ストレスが少なく、なおかつ収入も良いのは、「数値やデータを扱う仕事」「ＩＴ関連の仕事」「医療関連の専門職」の3つのカテゴリーです。つまり、専門

図22 最高の仕事ランキング

ランキング	職業名	収入中間値	成長率 (2016−2026)
1	データサイエンティスト	$114,520	+19%
2	統計専門家	$84,760	+11%
3	大学教員	$76,000	+15%
4	機能訓練師	$83,200	+24%
5	遺伝専門医師	$77,480	+29%
6	医療サービス管理者	$98,350	+20%
7	ITセキュリティアナリスト	$95,510	+28%
8	数学者	$84,760	+33%
9	オペレーションズリサーチアナリスト	$81,390	+27%
10	アクチュアリー（保険数理士）	$101,560	+22%

https://www.careercast.com/jobs-rated/2019-jobs-rated-report

性が高く、知識産業や医療などの付加価値の高いサービス業は、今後も伸びる可能性が高く、かつ、就労環境も良いわけです。

「大学教員」が入っているのが意外かもしれませんが、これは情報化が進む中で、より高スキルを身につける必要が高まっているためです。コロナ禍後はスキルの高度化がさらに必要になっているので需要は益々高まるでしょう。デジタル化が進むので、教員は必要ないだろうと思われる方がいるかもしれませんが、高度に細分化したスキルを教育するにはデジタルな形であっても、カスタマイズした指導やカリキュラムの作成が必要です。

「機能訓練師」はリハビリを指導する仕事ですが、これは先進国はどこも高齢化していることと大いに関係があります。実はアメリカも高齢者が増えているので、機能訓練の需要が高まっています。このような訓練はデジタル化できませんので、どうしても対面で指導する必要があります。

「ITセキュリティアナリスト」も日本では馴染みがない方が多いかもしれませんが、IT化が進むほど安全なシステム運用の必要性が出てきます。コロナ禍でデジタル化がさらに進みましたので、この職業の需要は益々高まります。

「オペレーションズリサーチアナリスト」は馴染みがない方が多いかもしれませんが、これは製造や流通、サービスなどの工程を企画、設計、調査、改善する仕事です。デジタル化が進み、コロナ禍で自動化や合理化が進んでいますから、ものを運ぶ仕組み、製造する仕組み、サービスを提供する仕組みを考えたり精査する人の需要はさらに高まります。

最近話題のＡＩが「職業名」として入っていませんが、「ＡＩの下地となる作業をする職業」がランキングに入っていることに気づかれたでしょうか？　データサイエンティストや数学者がまさにそれで、ＡＩを設計したり仕組みを作る職業の需要はさらに高まっていきます。

またこれらのランキングは２０２０年のコロナ禍以前に作成されたものですが、コロナ禍でデジタル化が急速に進んでいるので、「数値やデータを扱う仕事」「ＩＴ関連の仕事」「医療関連の専門職」の需要は益々高まります。２０２０年後半には、amazonを始めとするＩＴ系大手の収益は大幅に増加し、コロナ後の世界の勝ち組となったことからもわかります。一方で、小売業などの「物理的な接触が必要な仕事」の需要は低下する一方です。

また3つのカテゴリーの他に、日本の人が注意してこの表を見るべき点は、企業名ではなく、あくまで「職業」分類でランキングが作成されている点です。日本の「仕事」ランキングは、通常企業名でのみランキングされ、まるで「企業ミシュラン」のようになっていますが、常識的に考えた場合、企業の業態や市場の動きが変われば、企業内で仕事の需給に変化があるのですから、しごく当然の話です。**北米や西側欧州では、同じ企業内でも職種により報酬も待遇も変わるので、ランキングが職業別に作成されるのは当たり前のことです。**

理数系や技術系の報酬が高く、条件も良いのは、アメリカだけではなく、イギリスでも同じです。図23はイギリス統計局による様々な職業の年収の中間値です。最も高いのは裁判官など法律関係の仕事ですが、ついで、電気工学技師、金融機関管理職、金融機関のマネージャーなどの報酬が高くなっています。

欧州の学生や、欧州に留学する学生は、このような「良い仕事」の傾向を機敏に感じ取っているようです。若者の失業率が高いため、それだけどんな仕事をするべきか、真剣に考えているのでしょう。

欧州や、その他の国では、日本と異なり、大学や大学院での専攻が就職に直結していることが少なくありません。そのため、大学や大学院での専攻は、将来つきたい職業に関連したものにする人が多いのです。

図23　特定の技術職と非技術職の2009年の中間総年収

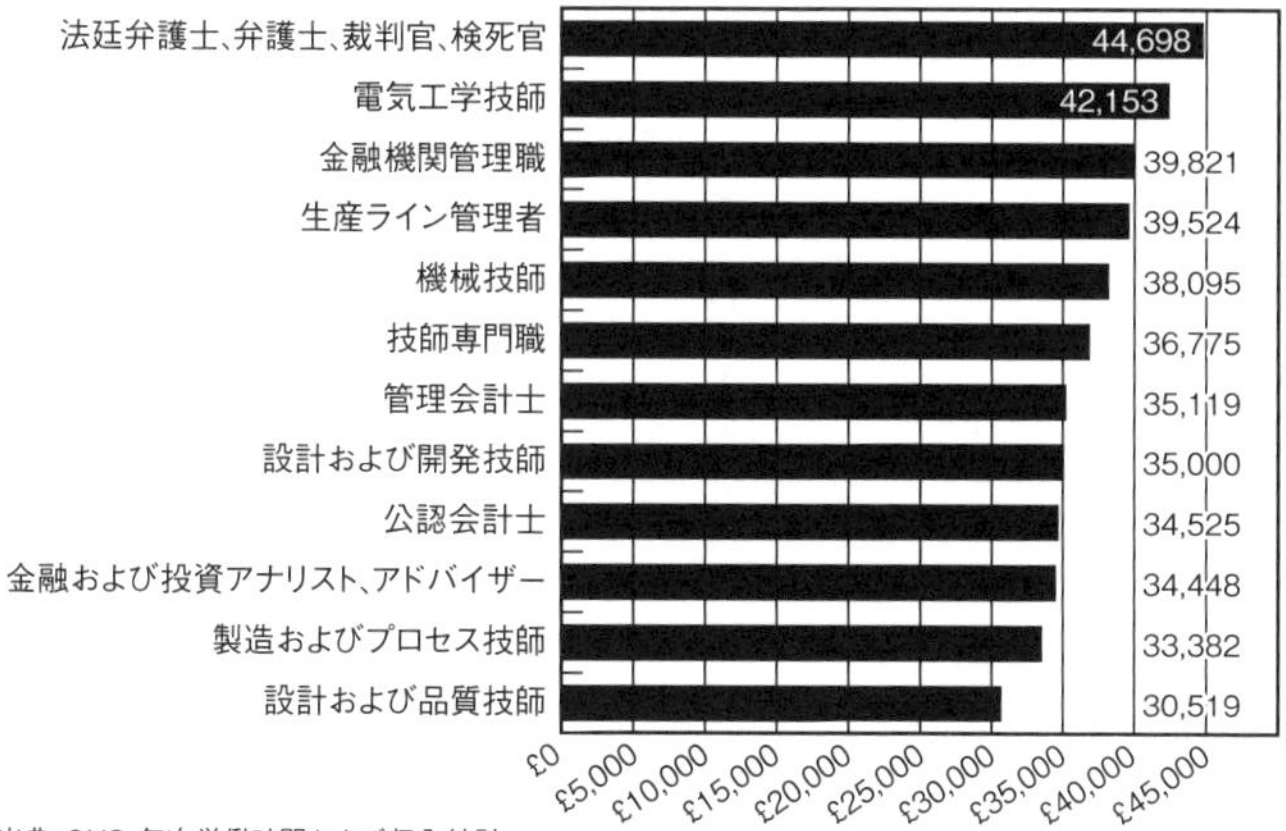

出典：ONS 年次労働時間および収入統計
https://www.gov.uk/government/uploads/system/uploads/attachment_data/file/31786/10-1334-manufacturing-in-the-UK-supplementary-analysis.pdf

以下は、欧州の大学で、英語で提供されている修士号の専攻のリストですが、約3割はビジネス&経済で、ついでエンジニアリング&技術だというのが興味深いです。つまり、「最高の仕事ランキング」で示されたように、数学系や技術系の仕事は需要があるので、希望する学生が多く、授業を提供する大学院が多いのです。

ビジネス&経済：28%
エンジニアリング&技術：21%
社会科学：13%
自然科学：9%
人文&芸術：8%
生命科学&医療：6%

"English-Taught Master's Programs

in Europe: New Findings on Supply and Demand" (http://www.iie.org/en/Research-and-Publications/Publications-and-Reports/IIE-Bookstore/English-Language-Masters-Briefing-Paper)

生き残れない仕事のランキング

一方で、図24はアメリカの求人サイトであるCareerCastがアメリカ政府の雇用データをもとにまとめた「最悪の仕事」のランキングです。

このランキングは、「酷い報酬」「ストレス」「ジョブセキュリティ」などをもとにまとめられていますが、日本の「人気企業ランキング」とは随分内容が違います。

まず、日本ではエリートの仕事であり、憧れの仕事の一つである新聞記者は、低い報酬、仕事の不安定性、ストレス、成長性などの観点から見て、現在アメリカで最悪とされる仕事の一つです。『The Jobs Rated Almanac: The Best Jobs and How to Get Them』(iFocus Books)で取り上げられている200の仕事の中でも最下位です。

図24 最悪の仕事ランキング

ランキング	職業名	収入中間値	成長率 (2016−2026)
1	タクシー運転手	$25,980	+5.0%
2	木こり	$40,650	-12.6%
3	新聞記者	$41,260	-10.0%
4	小売店販売員	$24,200	+1.7%
5	軍人	データなし	データなし
6	刑務官	$44,330	-7.7%
7	DJ	$33,220	-11.6%
8	ニュースキャスター	$40,080	-3.2%
9	広告業	$51,740	-3.6%
10	塗装業	$38,940	+5.7%

https://eu.usatoday.com/story/money/2019/04/20/the-worst-jobs-in-america/39364439/

この傾向は、アメリカだけではなく、カナダ、イギリス、オーストラリアなどの英語圏でもまったく同じです。英文メディアの世界では、新聞社の倒産、合併、縮小に伴って、記者のレイオフが増えています。英語圏は大胆なので、一気に記者を数百名単位でクビにしたり、写真報道部署の仕事をすべて海外に外注したりしてしまいます。

例えば、アメリカの主要大衆紙である「USA Today」の親会社であるGannettは、2013年には同社が所有する新聞社の中から合計で200名あまりを解雇し、翌年は「USA Today」のベテラン記者や編集者約70名を解雇しています（http://www.huffingtonpost.com/2014/09/03/usa-today-layoffs-job-cuts-gannett_n_5760196.html）。

2013年にはイギリスの経済高級紙であるFT「Financial Times」が35名の編集スタッフを解雇し、デジタル編集者に置き換えることを発表しています（http://www.pressgazette.co.uk/ft-avoids-compulsory-redundancies-30-journalists-leave）。

イギリスの保守系新聞である「Daily Telegraph」も、2014年にデジタル部門の編集者約50名を解雇しています（http://www.theguardian.com/media/greenslade/2014/oct/21/telegraphmediagroup-national-newspapers）。

さらに、新聞記者と同じく、なんと日本では皆のあこがれであるニュースキャスターや

ＤＪも危険職種とされていますが、これも新聞記者と同じく、インターネットの発達によりメディアの消費方法が変化していることが原因です。

アメリカの調査会社であるPew Research Centerの調査によれば、２０００年と２０１２年を比較すると、アメリカのメディアにおける写真記者やビデオ記者の仕事は43％減少し、編集者やコーディネーターやレイアウト担当者は27％、記者や編集者は32％も減少しています(http://www.pewresearch.org/fact-tank/2013/11/11/at-newspapers-photographers-feel-the-brunt-of-job-cuts/)。

記者の多くは、運が良ければデジタルメディアに転職したり、企業の広報に転職したりしますが、廃業後に失業してしまう人もいます。このような悲惨な状況は、新聞だけではなく、書籍や雑誌を出版する出版社も同様で、紙の媒体の需要が激減しているので、デジタルメディアに転職する人が増えています。

私はロンドンで開催される、出版業界の大規模展示会である「The London Book Fair」を毎年取材していますが、15年近く前からデジタルで出版するのが当たり前、という雰囲気であり、もはや展示ブースには紙の本を置いていない出版社も珍しくありません。

大盛況で立ち見が出るセミナーは、電子書籍を売る方法、小規模出版社がデジタルメディアで生き残る方法、Kindleで売れている本のトレンド、映画製作とのコラボレーションなど、そのほとんどが、デジタルメディアに関するものです。

業界を代表する書評家としてセミナーで話をするのは、今や、有名な作家や書評家などではなく、Booktuber（動画サイトYouTubeで書評動画を発表している人）やブロガーです。デジタルメディアを制する「素人」の方が、年配の業界人よりも影響が強いのです。

「風が吹けば桶屋が儲かる」はグローバル化時代の仕事でも同じ

前出のランキングの2位の「木こり」は意外ですが、通信技術の発達や、グローバル化が、意外なところに影響を及ぼしています。

木材の需要は、出版や建設業界の先行きに左右されますが、通信技術の発達により、出版業界の景気が悪くなっており、紙の需要が減っているので、「木こり」の雇用が減っているのです。

さらに、技術革新により、建築業界で木材以外の材料を使うようになっています。技術革新は業務の効率を進めているので、以前よりも人が必要ではないのです。また技術革新も進んでいますが、事故のリスクが高くその割には収入が低いのです。

「風が吹けば桶屋《おけや》が儲かる」のたとえでは、風が吹くと砂埃《すなぼこり》のために目を病む人が多くなる……最終的に桶屋が儲かる、というふうになっていますが、グローバル時代においても、紙の本が売れなくなると、木こりが儲からなくなる、という連鎖が発生しているのです。

技術革新は、タクシー運転手の需要にも影響を及ぼしています。例えば、一般の人が、自家用車を使用して、他の消費者にタクシーサービスを提供することができるUberはその代表格です。サービスが合法な国であれば、自家用車と、スマートフォンのアプリさえあれば、見知らぬ人を車に乗せてお金を稼ぐことが可能です。値段も安いので、消費者はわざわざタクシーを頼もうと思わなくなってしまいます。

また、配達人はここ10年以内に、その求人数が激減する仕事だと考えられています。現在よりもさらに多くの郵便物がデジタル化されるので、手紙の配達需要は減ります。さらに、配達人の強敵はドローンです。受取人の住所さえ入力すれば、自動的に荷物を配送し

図25 これから成長と収入が期待できる仕事

「CareerCast」のジョブ評価レポート
最高の仕事ランキング 2015

重要なのは数学

①アクチュアリー(保険数理士)
③数学専門家
④統計専門家
⑥データサイエンティスト

高収入

●最も収入の高い仕事トップ10の収入
71,133から124,149ドル
●アメリカの中間収入
34,750ドル

高成長

2022年までの成長率

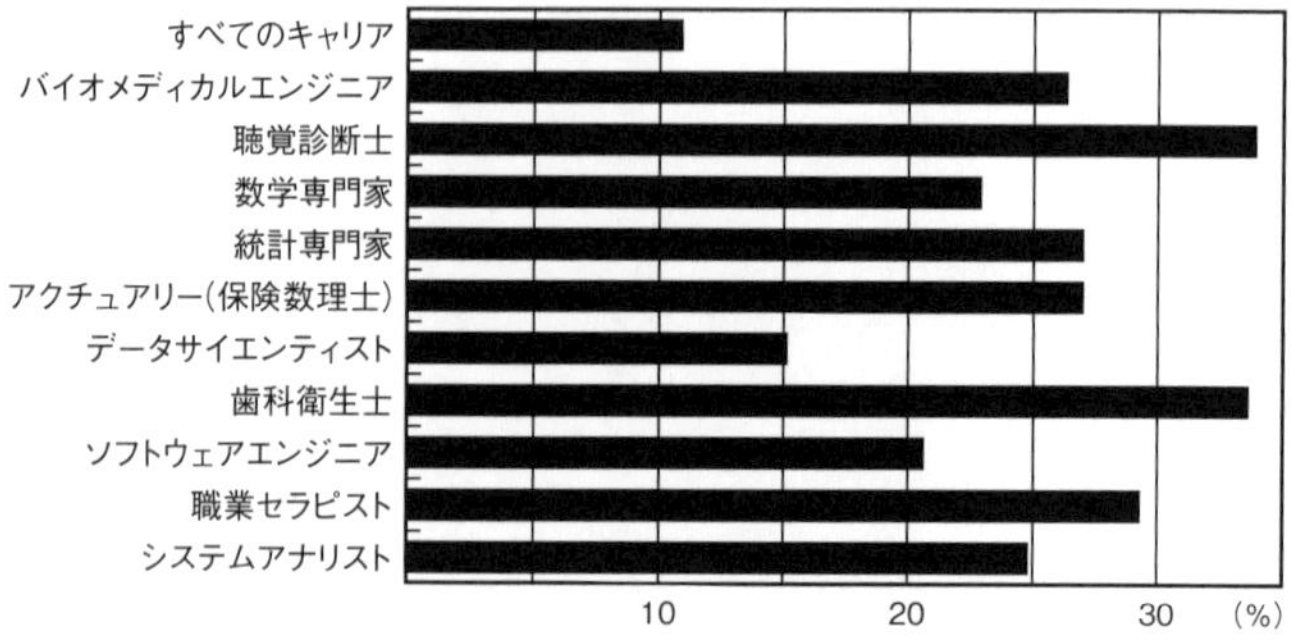

数値　米国労働統計局
http://www.careercast.com/sites/default/files/best-jobs-infograph.jpg

てくれるので、わざわざ人が届ける必要がありません。

ドローンによる配達は、すでに実用化されています。例えば2021年にはカリフォルニアのスタートアップであるZiplineがナイジェリアやルワンダの僻地《へきち》にコロナウイルスのワクチンをドローンで配送しています（https://www.cnbc.com/2021/02/04/role-of-medical-drones-in-global-covid-vaccine-campaign-is-growing.html）。

ロボットに置き換わる仕事を選んではならない

『The Jobs Rated Almanac: The Best Jobs and How to Get Them』（iFocus Books）のような定点観測をしている調査以外に参考にすべきなのが、**多数のデータを収集して、仕事の需給や未来を予測している学術研究です**。

学術研究を薦めるのには理由があります。まず、学術研究というのは、質の良い調査であれば、データの質や分析モデルを詳しく検証するので、答えありきの内容にはなっていないからです。一般向けの書籍やビジネスコンサルティング会社が出すようなレポートは、売ってナンボなので、最初から読者が喜ぶような答えに沿ってデータをいじっていたり、そもそも、きちんとしたデータさえ使っていなかったりします。

また、売れてナンボですから、読者を扇動するような、センセーショナルな内容が書かれているため、読んで面白いかもしれませんが、その正確性や信頼性には疑問符がつきます。

学術研究の結果のほとんどは、学術論文として学会誌に掲載されるので、一般書店に並ぶことはありません。論文を読むには、学会誌を購読したり、大学図書館で読む、商用データベースで検索して読む、論文をネットで購入するという方法があります。興味のある方は、ネットで検索して普段からいろいろ読んでみるといいでしょう。

さて、そのような学術研究はたくさんありますが、最近発表されたものの中で、仕事の未来予測をするのに役に立つのは、イギリスのオックスフォード大学の研究者であるカール・フーレイとマイケル・オズボーンが執筆した「THE FUTURE OF EMPLOYMENT: HOW SUSCEPTIBLE ARE JOBS TO COMPUTERISATION?」という論文です（http://www.oxfordmartin.ox.ac.uk/downloads/academic/The_Future_of_Employment.pdf）。

この論文で、フーレイとオズボーンは数値モデルを設計し、様々な業種が自動化される可能性を予測しました。研究の結果は驚くべきものです。今後20年の間に、アメリカに現在存在する仕事の47％が自動化されます。

自動化される可能性が高い仕事は、床掃除や単純な経理、レジ打ちの仕事など、高い技能が要求されず、なおかつ、賃金が低い仕事です。特に自動化のリスクが高いのは、輸送、単純事務、製造業における単純作業です。フーレイとオズボーンは、ここ10年のアメリカで最も増えている仕事は、それらの分野であるが、いずれ自動化により消えていくだろうと予測しています。

一方で、コンピューターやロボットにも限界があります。高い技能が必要ではなくても、曖昧な判断を必要とする仕事や、創造性を発揮する必要がある仕事、提示された情報を分析して判断する仕事、周囲の環境を判断して考慮するべき仕事などは、自動化することが難しいので、人間が作業しなければなりません。

例えば、デパートでの特定の顧客に対する接客、複雑な症状を抱えた認知症患者とのコミュニケーション、繊細な繊維で作られた家具の掃除、広告の企画、ユーモアのある文章の作成、料理の繊細な盛りつけ、経営判断、従業員のマネージメント、システ

図26 職業が自動化される可能性

職業名	自動化の可能性
建築管理者	7.1%
原子力技術者	7.0%
土木技術者	1.9%
石油技術者	15.7%
コンピューターハードウェア技術者	22.5%
バイオメディカル技術者	3.7%
コンピューターとシステムの管理者	3.5%
プログラマー	48.1%
ソフトウェア開発者	12.8%
データベース管理者	3.0%
セキュリティアナリスト	20.6%
オペレーションアナリスト	3.5%
システムアナリスト	0.6%
統計専門家	21.8%
アクチュアリー	20.6%
数学専門家	4.7%
医師	0.4%
大学教授	3.2%
高校教員	0.8%
図書司書	64.9%
保険商品の営業	91.9%
広告営業	54.2%
小売管理者	27.9%
旅行代理店営業	9.9%

職業名	自動化の可能性
現物、証券営業	1.6%
財務分析	93.8%
市場調査および分析	61.3%
与信審査	97.9%
会計および監査	93.5%
編集者	5.5%
作家、ライター	3.8%
テクニカルライター	88.8%
広報	17.5%
ソーシャルワーカー、精神問題のカウンセラー	0.3%
介護士	38.5%
小売店員	92.3%
店舗のレジ	97.1%
ウェイター、ウェイトレス	93.7%
調理師	96.3%
ヘッドシェフ	10.1%
パトロール担当の警官	9.8%
警備員	48.6%
支払い事務	94.7%
法律事務	97.6%
受付、窓口業務	98.3%
郵便配達	67.5%
メイドおよび掃除	68.8%

http://www.npr.org/sections/money/2015/05/21/408234543/will-your-job-be-done-by-a-machine　から筆者作成

ムの企画や設計などです。以下のサイト（Job Robot Calculator: http://www.npr.org/sections/money/2015/05/21/408234543/will-your-job-be-done-by-a-machine）は、フーレイとオズボーンのモデルに沿って、各仕事が自動化される可能性が何パーセントあるかを視覚的に表現したものです。このサイトを使って、サラリーマンが一般的に行っている仕事が自動化される可能性を計算すると、図26のようになります。

複雑な判断が必要な仕事はロボットにはできない

フーレイとオズボーンのモデルは、ＡＩ（人工知能）の研究者たちからは、正確性を欠く、曖昧すぎると批判されていますが、コンピューターが可能なのは、ごく単純な作業だけである、という点は合っているようです。

マンチェスター大学で、人間の脳をコンピューターで再現するSpiNNakerというプロジェクトに長年取り組んでいるスティーブ・ファーバー教授が、インペリアル・カレッジのData Science Instituteが主催した「Data Science Insights」という講義で指摘したことは、複雑な判断やコミュニケーションを必要とする仕事は、しばらくはなくならないだろうという予測の裏づけになります。私はこのセミナーに出席していましたが、参加者の多くの興味を引きつけたのは、会場のある人が質問した「ＡＩ（人工知能）は人間の仕事を奪うか」という質問でした。

教授の回答は、「そもそも、人間の脳がどのように動くかは、人工知能や神経科学者の間でもわかっていない。人工知能が何かを判断するには、コンピューターが実行できるモデルを作って、それをプログラミングしなければならない。しかし、そもそも、脳の動きが判明しておらず、モデルが設計できないので、現時点で可能なのは、ごく単純なことだけです」というものでした。

自動化が進むホワイトカラーの仕事

複雑な判断が必要な仕事や、高度な対人コミュニケーションが必要な仕事は自動化される可能性は低いのですが、自動化が難しいと思われていたホワイトカラーの仕事の中には、システムの発達により自動化が進んでいるものもあります。従来は自動化が無理だと考えられていた法務の世界でも、今やコンピューターによる効率化の波が押し寄せています。

例えば、Symantec社のe-discoveryシステムは、デジタル化された57万件の法務書類を、2日間で分析し処理することが可能です。人間が作業した場合、判例、関連ドキュメントなどを同じ効率で分析することは不可能です(http://www.biztechmagazine.com/article/2013/08/latest-e-discovery-tools-speed-law-firm-document-reviews)。

最近では人材採用も自動化が進んでいる分野です。例えば、Talent Party、Jobandtalent、Knack、Electronic Insightといった企業は、求職者と求人企業を自動的にマッチングしたり、応募者を条件に沿って自動的に採用する、という仕組みを使ったりしています。

医療の世界も自動化の恩恵を受ける世界です。

例えば、IBMのWatsonシステムは、ニューヨークのMemorial Sloan Kettering

Cancer Centerに採用されています。60万件の症例記録、150万人の患者のデータ、さらに臨床実験データを解析し、そこから、患者に最適なガンの治療法を探し当てます。このシステムを使うと、90％の確率で正しい治療法が判明した一方、人間の医師が診断した場合は、コンピューターのように膨大なデータを読み込み、比較分析する時間がないため、正確性は50％でした。コンピューターが診断した方が正確だという、驚くべき結果が出たのです（http://www.wired.co.uk/news/archive/2013-02/11/ibm-watson-medical-doctor）。

かつては多くの人を必要とした金融業も、自動化が進む業界の一つです。例えば、2010年以後、北米と欧州の複数の銀行では、支店での取引が30％も減少しています。さらにその他の銀行では、顧客の半分は銀行に一切来ることなく資金を借り入れています。

例えばIMFの調査によれば、デンマークでは、2004年に比べ、2013年には銀行の支店は48％も減少しています。ベルギーは30％近く、スペインは24％、ノルウェーは31％、ドイツは31％、アイルランドは36％、イギリスは23％と、欧州ではいずれも30％前後の銀行の支店が消えているのです（http://www.oxfordmartin.ox.ac.uk/downloads/reports/Citi_GPS_Technology_Work.pdf）。

それに沿って、各銀行は、窓口業務や消費者向け業務に従事していた人を解雇しています。日本の場合は支店は2・1%の減少で、欧州に比べると合理化の波が緩やかなようですが、デジタル化が進めば、いずれ、銀行の支店や窓口業務は大幅に減っていくでしょう。コロナ禍でも銀行の支店の閉鎖は激増しており、今後は自動化によりさらに減っていくはずです。

小売業も自動化が進んでいく分野です。例えばアメリカのマクドナルドは、2014年に、厨房でハンバーガーを調理するロボットであるMomentum Machinesを導入することを発表しました。ヨーロッパの店舗の一部では、顧客はタブレットPCで注文する仕組みが導入されています。

コロナ禍での仕事のリスク

さらに注意しなければならないのは、コロナ後の世界における職業選択の方法です。

日本ではなぜかあまり話題になっていませんが、アメリカやイギリス、欧州では職業別のコロナに対するリスクが調査されており頻繁に発表されています。これは厳しいロックダウンを行っているということもありますし、訴訟社会ですから職場はコロナリスクを鑑みた対応を行わなければ従業員に訴訟を起こされてしまうという理由もあります。

図27はアメリカ政府の労働統計をもとに作成されたコロナの感染リスクと職業を対比したチャートです。

●他人との距離
●仕事を物理的に行わなければならない
●ウイルスに晒されるリスク

の3つをもとに各職業のリスクが計算されています。類似する検証はイギリスでも実施されていますが、結果はほぼ同じです。

この調査を見てわかることは、「デジタル系」「金融系」「マネージメント系」「士業系」

図27　職業別のコロナに対するリスク

収入＼リスク	低い	中程度	高い
高い	・CEO ・ファイナンスマネージャ ・マーケティングマネージャ ・弁護士 ・会計士 ・ITネットワーク専門家 ・ITセキュリティ専門家 ・エコノミスト ・プログラマ ・ITアナリスト ・ウェブ開発 ・Eコマース ・大学研究者		・歯科医 ・医師 ・獣医師 ・看護師 ・医療技術者 ・薬剤師 ・セラピスト
中程度	・デザイナー	・消防士 ・警官	・歯科衛生士 ・客室乗務員
低い	・金融営業 ・秘書 ・作家 ・木こり ・職人 ・芸術家 ・庭師 ・掃除人	・バス運転手 ・美容師 ・小中学校の教員 ・保育士 ・刑務官 ・飲食業 ・家政婦 ・マッサージ師	・介護士 ・理学療法士 ・機能訓練師

https://www.weforum.org/agenda/2020/04/occupations-highest-covid19-risk/　より筆者作成

がほぼ一人勝ち状態である、ということです。リスクが大変低く、報酬も高い上に、その多くはコロナ禍でむしろ収入が増えています。在宅勤務やリモートワークの割合も最も高く、アメリカやイギリスの場合は50％を超えています。これは小売業だと1％に満たないので大変な違いです。

生き残るための仕事を選ぶノウハウ

第3章とこの章でこれまで見てきたように、今後ますますグローバル化が進む中で、生き残るための仕事を選ぶには、以下を重視する必要があります。

①今後伸びていく仕事

- 数値やデータを扱う仕事
- IT関連の仕事

● 医療関連の専門職

②自動化されない仕事

● 企画や執筆など高度な創造性が必要な仕事

● 複雑な判断が必要な仕事

● ルーティーン化できない仕事

● 臨機応変な対応が必要な仕事

● 高度なコミュニケーションが要求される仕事

③グローバル、もしくはローカルな市場で評価される技能やノウハウ

● 国や言語に関係なく世界中どこでも需要がある仕事

● 海外に外注することが不可能な仕事

④自分にしかできない仕事

● 他人がコピーできないノウハウ

- 自分らしさを発揮できる仕事

⑤コロナ禍でのリスク評価

- 感染リスクが低い仕事
- 感染症などのリスクに左右されない仕事

①に関しては、この章でご紹介したように、今後伸びていくアクチュアリーや数学専門家、システムアナリストになる方法もありますが、そのようなサービスを提供する業界の他の業務を担当する、という方法もあります。

そのサービスの需要が高まるので、周辺業務や、その職種を支えるサポート的な仕事も派生するからです。例えば医療関連の場合は、高度な医療サービスが伸びていきそうな場合は、需要のある医療機器を販売する会社に勤務する、医師をサポートする仕事をする、医療関連の広報業務を担当する、という方法もあります。

②の「創造性が必要な仕事」に関しては、様々なものがあります。誰もが作家やクリエイティブディレクター、デザイナー、経営コンサルタントになるという意味ではありませ

ん。システムの業務分析は、創造性が必要な仕事の一つです。システムを使うビジネス側の仕事のやり方や要求は様々ですから、ユーザーとかなり細かいコミュニケーションを取った上で、その業務の流れやコツを理解し、業界慣習やデータ保護の規制なども理解して、要件を文書化しなければなりません。

このような業務はルーティーン化が不可能ですし、属人的な性格の高い仕事です。属人であればあるほど、取り替えがきかないので、解雇されにくくなります。また、質の高いサービスを提供できる人であれば、報酬の交渉が容易になります。

ホテルに勤務している場合、ＶＩＰ対応や、お年寄り対応担当になった場合は、個人個人のお客様への気遣いや、特別なサービスの開発といった、「創造性」＝「アイディア」が必要になります。**特別なお客様への気遣いや企画は、誰がやっても同じものになるわけではありません。これが創造性を発揮する**、ということです。

家電量販店の場合、例えば外国人向けの販売を担当する仕事は、高度な創造性を要求されます。相手の国の家電の使われ方や電圧、家の間取り、慣習などを理解し、お客様が望む製品を、適切なタイミングで提供する必要があります。その国の行事に合わせたフェアの開催や、外国語でのダイレクトメールの作成や発送などは大変難しいものです。

複雑な症状を抱えた精神疾患の患者さんや、認知症の方への介護やケアも、かなり高度な対人能力と、創造性が要求される仕事です。症状は個人個人違うので、どんな時にどの対応が必要か、機敏な心遣いが求められます。さらに、家族や医療スタッフとの細かなコミュニケーションも必要なので、自動化は不可能に近いといえるでしょう。

③は、グローバルな世界で活躍するか、それとも、ある程度参入障壁があるローカルな市場で活躍するか、という話です。

例えば英語が堪能なアクチュアリーの場合、日本だけではなく、北米、アフリカ、中東、欧州でも働くことが可能です。競争相手も増えますが、特定業界の知識や言語など、プラスアルファの要素があれば、競合に負けることはありません。どこでも仕事ができる建築家、美容師、芸術家、プログラマーなども同じです。

一方で、参入障壁があるために、ローカルな市場でしかできない仕事もあります。例えば、仕事をするのに免許が必要な仕事はその代表です。医師や看護師、鍼灸《しんきゅう》師《し》、会計士などはその国の免許が必要なので、比較的参入障壁の高い仕事です。ビルメンテナンス技師、土木技術者、線路工事士、電気工事士、ボイラー技師、整備士、大工、配管工、大型トラック運転手などの仕事は、物理的にそこにいなければできない仕事なので、海外に外注されてしまう可能性がありません。日本の場合は、今のところ移民を規制しているので、外国人が入ってくる可能性も高くはありません。

④は、自分らしさを発揮できるかどうかということです。これは、②「創造性が必要な仕事」に関係があります。その人でなければできない仕事であれば、他の人に取られてしまう可能性も、海外に外注される可能性も低くなります。

例えばその人にしかできないデザイン、文章、その人しか考えつかないような企画、その人にしかできないお客様対応、その人にしかできない料理などです。デジタル化により世の中が激変してしまったこととして、「コピーが容易になったこと」「可視化されやすくなったこと」があります。そのような時代だからこそ、強烈な個性、すなわち「自分らしさ」が重要になります。

さらにコロナ時代には、⑤のコロナ禍でのリスク評価が加わります。好きな仕事、お金を稼げる仕事、安定している仕事でも命を危険に晒してしまっては、仕事をする意味がありません。どんな仕事なら自分と家族の命を守れるか、その職場は自分の命を真剣に考えて対策をしてくれているか、ということを冷静に考えねばなりません。職場の名前や肩書ではなく、合理的に対策が取られているか、「物理的」に自分は病原菌や様々な事故から守られているかを考慮すべきです。

可視化される世界では、肩書きは通用せず、その仕事が良いか悪いかが重要になります。このように、様々な仕事が可視化される時代だからこそ、強烈な自分らしさがあることが、自分の仕事を守ることになるのです。

選ぶべきは「やりたい仕事」ではなく、「求められる仕事」

①〜⑤に加えて、**今後仕事を選ぶ際に重要になることに「市場で評価されるかどうか」**があります。この感覚は、長年サラリーマンをやっている方や、学生さんの中には、理解していない方が少なくありません。

仕事の報酬というのは、基本的に、需要と供給で決まります。需要とは、どれだけそれが求められているか、供給とは、どれだけ提供されているか、ということです。ものやサービスの値段は、需要と供給が一致した時点で決まります。

基本的に、仕事の報酬も、需要と供給が一致した時点で決まります。転職が当たり前の北米やイギリス、オセアニア、中国などでは、同じ会社に勤める会社員であっても、職種により、報酬が大きく異なることが珍しくありません。転職が当たり前で、会社の戦略によって中途採用で社員を採用することが普通なので、同じ社名を背負った人でも、職種により給料がまったく違うのです。

こういう感覚は、外資系企業に勤務している方、自営業の方、海外で働いたことがある方にはおなじみですが、日本の一般的な会社のサラリーマンや、官公庁の職員だと、年功序列で給料が上がっていくのが当たり前です。また、同期の人と、数百万円、数千万円といった単位で、報酬に大きな差がつくことはありません。

例えば、EUやそれ以外の国からの移民が増えているイギリスでは、電気工事士、看護師、医師、レンガ積み職人、大工、内装工、IT専門家の数が足りていません。配管工の中には年収1000万円を超える人が少なくありません。

最近は、長距離トラックの運転手の仕事の需要は増えており、給料も悪くないのですが、若い人が仕事をやりたがらないため、賃金が上昇しています。高度なシステムを作成する専門家の中には、日給20万円、年収2000万円という人もいます。カナダのアルバータ州の石油基地では、オフィス内でシステム管理をする人の中に、年収1500万円以上を稼ぐ人がいます。このような報酬を得られるのは、需要があるわりには、その仕事をする人（供給）が足りていないからです。

日本でも、転職は難しい、不可能だと言っている人の中には、この需要と供給の単純な法則を理解していない人が大勢います。例えば、日本でも企業によっては、社内で不足しているスキルを持った人を、高待遇で中途採用することもあります。良いオファーを得られない人は、そのような賃金体系を採用している会社に応募していないか、求められているスキルがないからです。

日本企業も今後、北米や北欧のように、人事管理の仕組みに柔軟性を持たせ、付加価値の高い人材には高い報酬を払う組織が増えてくる可能性があります。その場合に、需要と供給の法則を理解しておくことで、高い報酬を得られる可能性があります。

生き残りたければ「自分商店」にならなければならない

OECDの報告書によれば、多くの先進国で、労働規制の改革により、レイオフが簡単になったり、非正規雇用の社員を雇いやすくなったりしています。一方で、働く人の流動性が高まったので、能力がある人は以前より高収入を得るようになっています。

つまり、**組織に依存するのではなく、スキルを売りにする個人が、自分の都合に合わせて、様々な組織を渡り歩いて働く**、という形態が増えているのです。

例えば欧州では日本と異なり、終身雇用はなくなってしまった組織が多いですし、イギリスなどは、公務員でも国立大学の教員でも大手企業の会社員でも、簡単に解雇することができる仕組みになっています。

一方で、いつクビになるのかわからない、転職が当たり前という世界なので、人がじゃんじゃん入れ替わる職場というのが珍しくありませんし、報酬も能力次第なので、日本の雇用の仕組みだとあまり稼げない人でも、ここでは大きく稼げる場合もあります。若くても昇進可能ですし、短期で稼いで引退という人もいます。

会社に雇われるのではなく、大工の棟梁が、自分のスキルをそのつど売って、様々な現場を渡り歩くような働き方が増えているのです。

私はこれを、**個人の「自分商店化」と呼んでいます。働く人各自が、自分を、小さなお店として考えて、そのつど、お客様（＝雇用主、もしくはクライアント）にノウハウや技能を売って歩く**のです。

日本も戦前は、身分の安定したサラリーマンや役人というのは、実は社会の少数派で、エリートでした。多くの人は、不安定な立場で、自分の労働時間やスキルを売って生活していたのです。つまり、社会のごく一部の人たち以外は、日雇いの職人のような状態だった、というわけです。

堺屋太一氏の『日本を創った12人』（ＰＨＰ文庫）によれば、大正から昭和にかけての日本では、従業員の解雇が簡単な自由競争の社会で、働く人の転職率は、世界一だといわれていました。

京都大学大学院の久本憲夫教授の「正社員の意味と起源」（政策・経営研究　2010 vol.2）

によれば、日本で終身雇用前提の正社員が一般化したのは、1960年代以後であり、それまでは、経営首脳陣候補であるごく一部の正社員以外は、中途採用や転職が当たり前でした。正社員以外には、ホワイトカラーで事務職であるが経営首脳陣候補ではない準社員と、現場で作業にあたる職工と呼ばれるブルーカラーがいました。正社員とは給料、福利厚生、昇給などで大きな差があり、終身雇用でもなかったため、会社への帰属心は薄かったとされています。転職も珍しくありませんでした。

さらに、1960年頃の大企業では、ごく少数の正社員は定期採用中心でしたが、職工の採用数は正社員の10倍にもなりました。その多くは臨時労働者であり、今でいう非正規雇用のような雇用体系でした。その多くは、職場の親方により縁故（コネ）で採用されるものであり、親方との関係により、解雇されてしまうこともあるという状態でした。

つまり、日本で、幹部候補の社員以外にも定期採用が実施されるようになり、終身雇用や、職場への高い定着率が一般的になったのは、50年ほど前のことであり、それ以前は、働く人のほとんどはフリーターのような状態で、転職は当たり前、さらに、職場への帰属心も高くないのが一般的だったのです。

つまり、**働く人の自分商店化は、50年前の状態に回帰しただけであり、そもそも、終身**

雇用や働く人の多くが、正社員として、新卒で一括採用される仕組みの方が異常であった、ということがいえるでしょう。たかだか50年程度の歴史しかない仕組みが、「日本固有の雇用体系」といえるかどうかは疑わしいですし、戦後の高度成長期の産業構造に合わせて、最適化された雇用体系にすぎなかったというわけです。

現在は日本もグローバル化により、産業構造が変化しつつあるので、それにより、日本の雇用体系も大きく変化していく可能性が高くなっています。それに合わせて、働く人個々人が、自分商店としての心構えを持つ必要があるのです。

COLUMN

アイディアを生み出す人々の獲得に邁進する各国

知識産業というのは、アイディアを生み出す人々によって支えられています。ごく少数の、奇想天外な発想をする優秀な人々は、自分のアイディアを実現できる国や街を好んで移動していきます。

図28 ビジネスのやりやすい国のランキング

順位	国名	順位	国名
1	ニュージーランド	16	アラブ首長国連邦
2	シンガポール	17	北マケドニア
3	香港	18	エストニア
4	デンマーク	19	ラトビア
5	韓国	20	フィンランド
6	アメリカ	21	タイ
7	ジョージア	22	ドイツ
8	イギリス	23	カナダ
9	ノルウェー	24	アイルランド
10	スウェーデン	25	カザフスタン
11	リトアニア	26	アイスランド
12	マレーシア	27	オーストリア
13	モーリシャス	28	ロシア
14	オーストラリア	29	日本
15	台湾	30	スペイン

http://www.doingbusiness.org/rankings より筆者作成

海外メディアで指摘される日本の失敗は、国際機関の定期的な調査でも明らかになっています。起業家というのは、社会に仕事を作り出す人々です。新しい仕事を次々に作ってくれることにより、仕事は増え、人々の生活は潤《うるお》い、納税額が増え、国が豊かになります。

そのような**起業家の人に活躍してもらうには、ビジネスをやりやすい環境の整備が重要です**。具体的にはビジネスフレンドリーな法律の整備、無駄な規制の撤廃、インフラの整備、資金調達のやりやすさなどです。

ところが日本は決してビジネスフレンドリーな国ではないのです。世界銀行が2019年に実施した調査（図28）では、日本は「ビジネスのやりやすさ」では、調査対象の190カ国中29位で、5位の韓国や、北米および西側欧州諸国と大きな差がついています。

この調査の具体的な指標の内容（図29）を見ると、もっと面白いことがわかります。「ビジネスのやりやすさ」は、文化的な土壌など、はっきりとしないものではありません。不動産の登記、電気を引く、税金を払うなど、主に事務的な手続きや、行政がビジネスを始める人にいかに良いサービスを提供しているか、ということを見たものです。

バブル崩壊の影響なのか、日本では債権処理は190カ国中3位ですが、他の分野で

図29 日本におけるビジネスのやりやすさ

課　題	2015ランキング	2019ランキング
ビジネスを始める	83位	106位
建築許可を申請取得する	83位	18位
電気を引く	28位	14位
不動産の登記	73位	43位
資金を調達する	71位	94位
少数派投資家の保護	35位	57位
税金を払う	122位	51位
海外貿易	20位	57位
契約を履行する	26位	50位
債権処理	2位	3位

http://www.doingbusiness.org/rankings　より筆者作成

図30 起業への障壁（2008年）

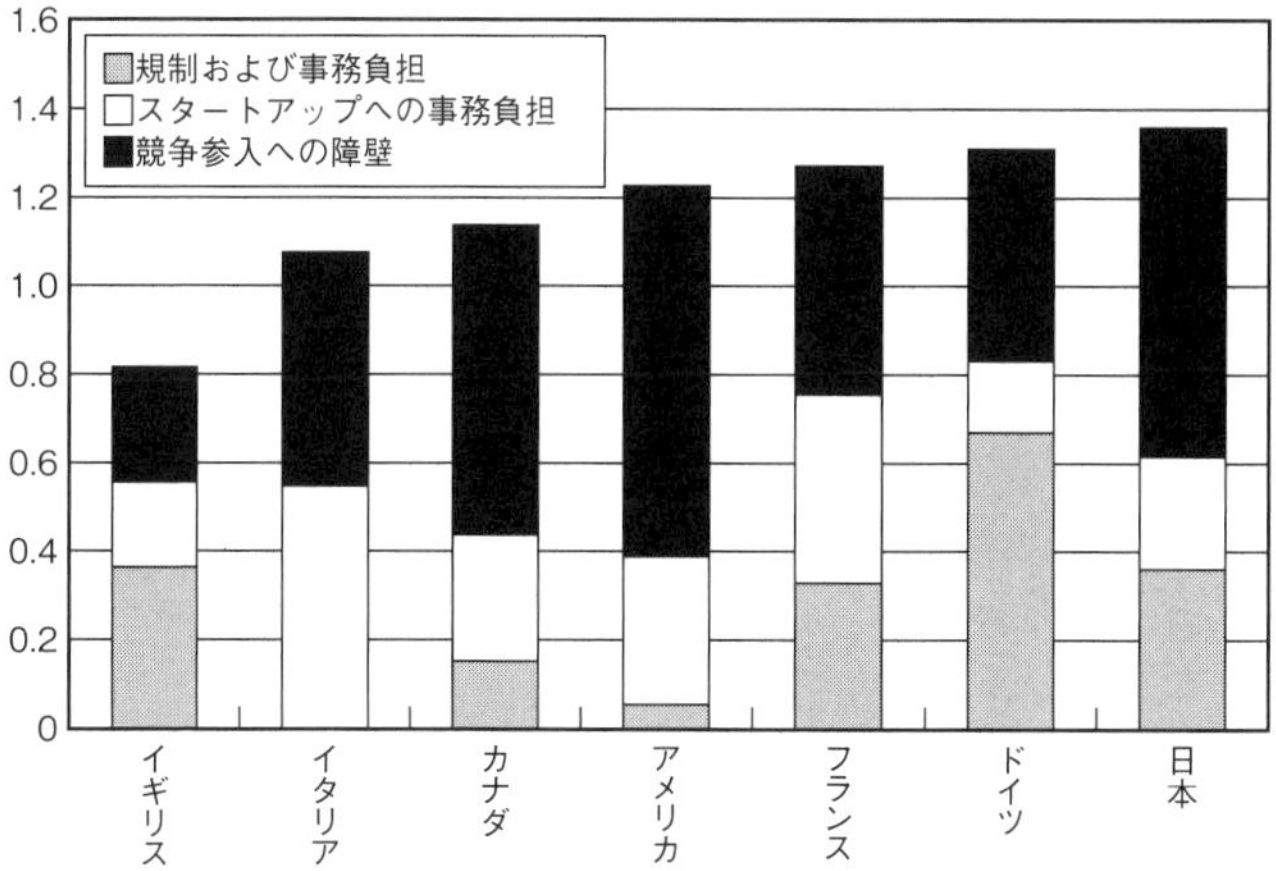

https://www.gov.uk/government/uploads/system/uploads/attachment_data/file/31786/10-1334-manufacturing-in-the-UK-supplementary-analysis.pdf

は、先進国中最下位に近いという結果になっています。この情けない結果は、他の先進国で、実際に自営業を営んだり、起業したりした人であればよくわかります。

例えば、他の国ではオンラインでクレジットカードやデビットカードを使って納税できるのにもかかわらず、そんな便利な仕組みは日本ではまだ実現していません。電気や電話線を引くにも、他の先進国に比べると、はるかに煩雑な手続きが必要です。

社会の仕組みというのは、そこに住んでいる人、意思決定をする人たちが作り上げるものですが、このデータは、日本の意思決定者たちが国民に、なるべく起業してほしくない、というメッセージを演繹《えんえき》的に送っているということを表しているのです。

ロンドン・ビジネススクールとバブソン大学の調査によれば、日本では労働人口のたった4％しか起業に関わっていませんが、アメリカの場合は14％です。**起業が盛んな地域には数多くの優秀な人が集まり、経済が活性化します。アメリカが世界で最も大きな富を生み出している理由は、起業活動が盛んなこととも関係があります。**少子高齢化で悩む日本は、ビジネスのやりやすさを整備し、起業を活性化させなければなりません（http://www.economist.com/news/business/21653638-prospects-shaking-up-japanese-firms-have-never-looked-so-good-winds-change）。

第5章

来るべき
時代に備えよ

来るべき時代に備えるために

第4章までで見てきたように、今や日本のサラリーマンも、グローバリゼーションの波と、働く仕組みの大きな変化にのみ込まれつつあります。

第4章では、「選ぶべき仕事」について考えました。しかし、人生は仕事だけで成り立っているわけではありません。余暇の過ごし方、家族との関係、お金の使い方など、様々な要素から成り立っており、仕事は、人生における活動の一部分にすぎないのです。

現在多くの人が直面している変化は、単に仕事の仕組みの変化ではなく、世界中を巻き込む大きな変化の一部です。**日本式雇用の仕組みが変わりつつあるだけなのではなく、もの**や**サービスの消費の仕方、お金の流れ、豊かになるところと衰えるところ、紛争が起こ**る**場所など、様々なことが変化している**のです。

例えば、2015年にはギリシャが金融破綻し、EU加盟国の結束を大きく揺るがす大事件となりました。１９９９年にＥＵの通貨統合が実現した際に、ＥＵを脱退するかもしれない加盟国が出ることを予想していた人はほとんどいませんでした。ギリシャの債務問題は、ＥＵの結束の脆弱性《ぜいじゃくせい》を明らかにし、ドイツやイギリスなど経済的に豊かな国と、多額の財政赤字を抱えるイタリア、スペイン、ギリシャの間に亀裂を生みました。

ＥＵの脆弱性は、ロシアがウクライナに対して強硬な態度に出る理由の一つでもあります。ギリシャの破綻は、単なる一国の財政破綻という問題ではなく、より多くの地域や、金融市場にも影響を与える事態でした。

さらに２０２１年１月にはイギリスはＥＵ離脱を完了しました。合理的に考えて、イギリスにとって不利なことだらけのＥＵ離脱は政治や経済の専門家も全く予想しなかったことでしたが、国民投票により、あの冷静沈着なイギリス国民の過半数が選択したのです。合理性やデータでは説明ができない「感情」が国際政治を大きく動かすことになったという象徴的な事件です。国家を揺るがすような事件が、今後もこのような「時勢」や「国民の感情」により起きる可能性があることも示唆しています。大規模な武力紛争、国境閉鎖といったことが起こるかもしれません。

２０１５年初頭には、イスラム国によって、日本人の人質が殺害されるという痛ましい事件が起こりました。イスラム国が掲げるイスラム原理主義は、ネットを通じて全世界に広がっており、フランスやイギリスでは、国産のテロリストがテロを起こす事態になっています。ノルウェーからアメリカ、マレーシア、中国など、義勇兵としてイスラム国に参加する若者は後を絶ちません。

シリアの内戦は激化し、2014年には戦乱を逃れて難民となった10万人以上の人々が、地中海を渡ってヨーロッパに逃れました。難民の激増は、今やEU各国の移民政策だけではなく、社会保障政策、教育政策、EU加盟国同士の移民に関する政治的合意を揺さぶるまでの大問題になっています。このような事態が起こることは、5年前ですらまったく予測できなかったことです。

国際政治の世界では、一国ではなく、様々な国が、政治や経済を通して相互に関係し合うことを「相互依存」と呼びますが、グローバリゼーションが進み、経済の仕組みが変わり、通信技術が発達することで、一国で起こったことが以前よりもはるかに早く、さらに、より多くの国や人に影響を及ぼすようになったのです。

つまり、未来というのは予測をするのが難しいのですが、唯一明らかなことは、かつてに比べると、世の中は不安定で、迅速に変化する時代になっているということです。

そして2020年には全世界が新型コロナウイルスに襲われるという、小松左京氏の『復活の日』さながらの事件が起きてしまいました。全世界で次々に犠牲者が増え、経済はストップし、国境が閉鎖されるという全く予想できなかったことが起きました。ささやかな日常は実に脆弱なバランスの上に成り立っていて、世の中は何が起きるかわからない、絶対、安心、完全というものはありえない、ということを実感した方が多いのではないでしょうか。このような不安定な世の中において延々と悩んでいるのは時間の無駄です。**やるべきことは、自分の生活の防衛**です。

臨機応変に考えよ

コロナ禍で実感したことは、世の中は大変不安定で物事は思った以上のスピードで悪化してしまうということでした。モタモタしていたら状況は次々に変わってしまうということを実感した方が多いのではないでしょうか。

この状況下で得られた教訓は、何でも事細かに計画をしてもそれは予期せぬ事で崩れ去ってしまう可能性が高いということです。危機において重要になるのはスピードと臨機応変性です。

これを実感したのはイギリスにおける新型コロナワクチンの開発と接種のスピードです。イギリスは2021年の1月の時点で新型コロナウイルスによる死者は10万人と、5000人ほどだった日本の20倍を超えていました。ロックダウンを3回もしているのに効果はそれほどなく、ウイルスを制御できていない状況に陥ってしまいました。

しかしイギリスが強かったところはワクチン開発の体制が整っていたことです。これは欧州がアフリカや中東に近いために、エボラ出血熱や中東呼吸器症候群（MERS：Middle East Respiratory Syndrome）の脅威に晒されてきたこと、またウイルス対策を国家安全保障と考え国が研究開発に投資してきたことが下地にあります。オックスフォード大学やインペリアル・カレッジ・ロンドンには世界を代表する研究者が集まっており新型コロナワクチンに関しても迅速に研究に取り掛かることができました。

そしてイギリスは世界に先駆けて新型コロナワクチンの大規模な接種を始めましたがその方法が非常に柔軟でした。接種は12月の第2週目に開始され、高齢者を優先しましたが、なんとその会場に使われたのが、競馬場、教会、市役所のホール、薬局、スーパーの駐車場、サッカー場など日本だとあれ?と思うような場所だったのです。とにかく実行することが重要ですから細かいことは気にしていられません。さらにワクチンの輸送にもスーパーの協力を得るなど非常に柔軟な対応をしたこともユニークでした。イギリスの軍隊の協力があったことも重要でした。とにかく細かいルールや前例をあまり気にせず、「何をするべきか」ということを優先しスピードを重視です。このようなイギリスのやり方を実際に見て、普段はのんびりしていても実に危機と戦争には強い国だなぁということを実感しました。

これは普段の仕事でも非常に実感することで、イギリスの人々は細かいところが抜けていたり普段はだらっとしていたりするのですが、一旦システムの重大な危機が起きたりすると非常に柔軟に頭を使って物事を解決してしまいます。彼らは緊急事態や予期しないことに強いのです。こういった柔軟さやスピードというのは日本人が見習うところも非常に多いように思います。考える前に走り出すことで危機を脱出できるのです。

リスクを取る

このイギリスの新型コロナワクチンに対する柔軟な対応に関してもう一つ重要な点があります。それは彼らがギャンブルをやったということです。イギリスには他の国に先駆けて大量に新型コロナワクチンが提供されましたが、それはイギリスがファイザー社などの民間企業に自国の国民を使って治験をやることを承認したからです。これはある意味大変な賭けでした。開発されたばかりのワクチンを自国民にどんどん打ってしまうということは副反応が出たり死者が出る可能性もあったわけです。しかしイギリス政府はそのリスクと自国がコロナに打ち勝つ可能性を天秤にかけて、非常に難しいギャンブルに手を出したわけです。結果的にそれは良い方向に働いたようですが、このような賭けに出るということは、危機の時代において非常に重要なことでありましょう。国家のレベルだけではなく個人の生活のレベルでも重要です。

コロナ時代においては職業選択だけではなく、移動するか、何をするか、誰と付き合うかということが全て不確定要素を含んでおり、先がどうなるかわかりません。収入もこの先どうなるかわかりませんのでお金の使い方一つもギャンブルです。しかしそこでどんなリスクがあり、そのリターンにはどんなものが期待できるか、ということを瞬時に考えて意思決定をすること、さらにそれをすぐ実行するということは、自分の生命に関わってくるかもしれないのです。こういう瞬発性は、普段から慣れていないとなかなか対応できません。考え込んだり細部を詰めてばかりではなく、「今どんな選択をするべきか？」ということを突発的に考えて実行する癖をつけておきたいものです。

リモートワークの成功法則

コロナ時代において明らかになったのは、今後仕事のやり方というのはどんどんデジタル化されていき、リモートワークが全く新しいものではなく当たり前のものになっていくということです。

私や私の周囲の人々はＩＴ業界の人や大学の研究者ですから、実は20年以上前からインターネット経由で在宅で仕事をしています。アメリカで働いている友人の中には新卒で採用されて初日から全く出勤していない人もいるほどです。上司には年に2回しか会わない人もいます。そういった働き方が20年以上も前から当たり前だったのです。

ですからコロナ禍のリモートワークで大騒ぎしている様子を見ていると非常に滑稽な感じがしますが、その一方で私が気がついたのは、我々のような働き方をしている人々は世の中においては恐ろしいほどの少数派で、99％の人々は従来型の働き方をしてきたということです。

つまり大半の人はリモートで働く方法をよくわかっていないということです。

私が観察していて思ったのは、リモートワークの利点をあまりにもいかせていない会社や人が多いということです。

まず各自が遠隔地にいるわけですから、常時オンラインでその存在を確認するようなやり方は間違っています。オフィスに物理的にいないわけですし、そもそもリモートワークでやるような仕事は物理的に物をどうこうすることではなく、知能を使って何か考えたりアウトプットすることです。アウトプットさえできればどこで何をしていようと、いつやるかも関係ないわけですから、各自のペースや気分によって仕事をすればよいわけで、オフィスに常時いるようなやり方を押し付けるのはまったく間違っています。これはオンラインの教育に関しても全く同じです。オンラインの利点というのを全くわかっていない教員は生徒と常時つながってライブで授業をやろうとしますがこれも大きな間違いです。自分が気分の良い時、好きな場所で自由に考えて、最高の気分で最高のアウトプットをする。それでいいわけです。重要なのはアウトプットです。

さらにリモートワークをうまくやるのには各自の業務を明確に分業しなければなりません。お互いに助け合ったり阿吽《あうん》の呼吸で仕事するということができないわけですから、最初から業務要件を文章や図にし、「誰が何パーセントやる」とか、「どことどこを作業してどんなアウトプットができるか」ということを明確にしておかなければなりません。

つまり肝《きも》になってくるのが業務要件を分析し明確にするところです。業務要件を明確にするのには「誰がいつ何をやっているか」ということを分析して確認しておくことが必要です。つまりこれはプロセス分析です。「どんなインプットを」「どこで入れて」「その次にどんな作業をして」「最後にどんなアウトプットができるか」ということを全て図式化して共有しておかなければなりません。

実はこのプロセス分析は私の専門の一つで、英語圏のＩＴ業界ではごく当たり前に行われていることです。この分析を行うので「どんな目的を達成するのには」「人が何人必要で」「何の道具が必要で」「お金がいくらぐらいかかる」ということを明確にすることが可能になります。仕事の工数や納期というのも予測が立てやすくなりますから作業の調整もやりやすくなります。

日本の組織の多くはこの作業をやらないことが多いので、リモートワークもうまくいかないわけです。単に連絡や仕事のやり方にデジタルツールを入れるのではなくて、まずこういった体制の見直し、インプットとアウトプットの見直しをやらねばなりません。

危機はチャンスと考えよ

日本ではコロナ禍で失業してしまいうつ病になる人や、絶望した方の中には自殺してしまう人もいるようです。特に2020年には女性の自殺率が高くなったのは非常に気になりました。

ところが非常に興味深いことに、イギリスや欧州では日本ほどコロナ禍での自殺が問題になっていないのです。なぜなら、せっかくコロナに感染しなかったのになぜ自殺しなければならないのかと考えるからです。命さえあればなんとかなるさという非常に楽観的な考え方があるのでうつ病になったり自殺に走ったりすることはありません。仕事がなくなってお金がなくなったら生活保護に頼ったり公営住宅にでも入ればいい、誰かに恵んでもらってなんとか生きればいいさ、というごく単純な考え方です。日本人に比べてあまり体裁を気にしないのです。人間が生きるのに必要なものは、実は屋根がある住居、水、いくばくかの食べ物で、服や持ち物もよく考えたらそんなに必要ないので、生活保護になってしまっても実はそんなに悲惨ではありません。他人も自分のことは気になどしていないのです。

このような考え方は、例えばイギリスのテレビや新聞がコロナ禍において配信している情報を見ても非常によくわかります。色々難しいことはあるわけですが、家にいてもできる楽しいゲーム、ステイホームの間の素敵なファッション、料理の腕を磨こう、ステイホームの時間を家の改装やガーデニングに活用しよう、編み物のやり方、ステイホームだからこそ可能な新しいビジネスのおこし方など、困難だからこそそのチャンスととらえて前向きに考えよう、楽しくなる方法を考えようという方向なのです。実際、コロナ禍の最中に起業して稼ぎまくったり、業態を持ち帰りにして店の方向を変えて以前より儲かっている人、さらに、会社は一時解雇だが補助金をもらいつつ趣味を楽しんでいる人などがいます。とにかく気楽なのです。

日本のテレビや新聞を見ていますと、しかめっ面の出演者が、おどろおどろしい音楽にキャプションで、一日中コロナの恐怖をあおるばかりで、「ではどうしたら良くなるか」「どうしたら危機をチャンスに変えることができるのか」という前向きさが全くありません。

これは日本人の気質が心配性だからというのもあるのでしょうが、技術が発達している現在ではこのような時期でもできることがたくさんあります。それは個人生活にも活用可能ですからぜひ見習って欲しいものです。

お金持ちのライフスタイルを参考にせよ

働き方のことを真剣に考えたり、適切な仕事を選ぶことも生活防衛の手段の一つです。しかし、それは防衛手段の一部にすぎません。

例えば、ある人が糖尿病や高血圧などの成人病を抱えた場合、投薬治療は対処の一部にすぎず、問題の根本を解決することはできないことがあります。食生活の改善、減量、ストレスの少ない仕事に転職する、適度な運動をするなど、根本的な原因への対処に取り組む必要があります。

生活の防衛も成人病治療と同じことです。将来の生活レベルを維持、もしくは向上させるために、予想外のリスクにも対応できるように、生活の根本的な部分から対策を練る必要があります。

包括的な対策を練るにあたって最も重要なのは、お金の問題です。

働き方に悩む人の多くは、なぜか仕事のことばかり考えて、仕事をすることの最も大きな理由である、お金のことを深く考えようとしません。住宅ローンや光熱費、健康保険を支払わなければならないから働くのであって、支払いの源泉はお金です。お金を稼ぐ必要がなければ、家賃や食費の支払いのために、嫌な上司の下で働く必要がないのですから、お金があれば働くことに関する悩みだって消失するのです。

つまり、**より多くのお金が手元にあれば精神的に楽になりますし、働くことの悩みも軽減されるわけです。それに気がついていない人があまりにも多い**のです。

お金のことを考えるにあたって、参考になるのは、お金持ちのライフスタイルです。しかし、ここで参考にするお金持ちとは、テレビで高級車や豪華な食事を自慢する人々のことではありません。メディアには滅多に登場しませんが、遺産や親族の手助けなしに、一代である程度の「資産」を作り上げた人々のことです。

ある程度とは、アラブの富豪やビル・ゲイツ氏のような世界的なお金持ちのことではなく、病気になっても治療費の支払いに困ることがない程度のお金がある人、会社をやめても食べていける人などの「小金持ち」のことです。

本当のお金持ちこそライフスタイルは地味である

世界の経営学者や社会学者の中には、お金持ちのライフスタイルを研究している人々がいます。収入区分や職業からアンケートやインタビューの対象となるお金持ちを探し出し、数年間にわたってライフスタイルを聞き出し、数値的な処理を施して、「お金持ちのライフスタイルの共通項」を探し出すのです。

このような研究の方法は、起業家を研究する経営学者や、特定集団の行動様式を研究する政治学者や社会学者が行っている方法です。マスコミやジャーナリストが、雑誌の売り上げや、テレビ番組の視聴率を狙い、センセーショナリズムを前面に押し出して紹介するお金持ちとは異なっています。

トマス・スタンリー博士とウィリアム・ダンコ博士は、アメリカの富裕層研究の第一人者として知られています。20年間にわたり、地理学者と協力して1万人以上の億万長者にインタビューとアンケートした結果をまとめた『The Millionaire Mind』（Gallery Books, Reprint版　1998）（邦題『なぜ、この人たちは金持ちになったのか』日本経済新聞出版）は参考になる書籍の一つです。

この調査は、全米の国税調査対象地域から、100万ドル（1ドル＝120円換算で約1億2000万円）の純資産額（持っている資産から負債を引いた額）を基準に億万長者の比率を割り出し、お金持ちのライフスタイルを丹念に調べたものです。スタンリー博士は、もともと富裕層向けのマーケティング研究を行っていましたが、その結果は驚くべきものでした。

アメリカの富裕層の84％は一代で財を築いた人々であり、そのほとんどは、中小企業の経営者だったということです。彼らの多くは普通の住宅地に住み、普通のファミリーカーに乗り、同じ配偶者と長年生活をともにし、最も気にしていることは、投資を増やす代わりに消費を減らすことでした。ヨットもなければタワーマンションに住んでいるわけでもなく、パーティーに顔を出すわけでもありません。世間一般で想像されているような富豪のイメージとは正反対の、地味で実直な人々だったのです。

この調査は30年近く前に実施されたものなので、データは古いのですが、お金持ちになる人々の基本は今も変わっていません。ＩＴや資源ビジネスで富豪となった、最近の億万長者（ただしそれ以上の資産を持つ人々が大半）のライフスタイルや考え方を描いた金融記者のクリスティナ・フリーランドの『Plutocrats: The Rise of the New Global Super-Rich and the Fall of Everyone Else』(Penguin Books 2012）によれば、グローバリゼーション時代のニューリッチたちのほとんどは、遺産を相続したわけではなく、自らのアイディアとノウハウで、一代で財を築いた人々です。アメリカだけではなく、中国、南米、ロシアでもそれは同じです。

『The Millionaire Next Door: The Surprising Secrets of America's Wealthy』との違いは、新時代の富豪たちの多くは、高い教育を受けた専門家であり、ＩＴや金融などで豊かになっている点です。例えば、その中には、豪華なライフスタイルを送る人々もいますが、アメリカの30年前の億万長者との共通点を持つ人々も少なくありません。

家族や友人を大事にする

図31は『The Millionaire Mind』から抜粋した、アメリカの億万長者733人の、1カ月のライフスタイルに関するアンケートの結果です。

この結果で驚くべきことは、その上位を占めるのが、家族や友人と過ごす時間であることです。これには、アメリカの億万長者の多くは、中小企業を経営する、もしくは個人事業者であることが関係します。彼らの多くは時間が自由になるので家族と過ごす時間がありります。さらに、事業の多くは個人や家族で起こした「家族企業」(Family Firm)なので、仕事も私生活も家族と一緒であり、家族の絆が強いのです。

家族や友人と時間を過ごすことは、精神的な面でも合理的です。オーストラリアのフリンダース大学が、1500人の高齢者に対して10年間にわたって実施した調査では、幅広い友人のネットワークがある人は、ない人に比べ、平均寿命が22%も長かったとの結果が

図31 億万長者の1カ月のライフスタイル(母数=733)

順位	活　動	割合
1	子供や孫との交流	93%
2	親しい友人を家に招待	88%
3	資産運用の計画	86%
4	投資研究	78%
5	写真撮影	67%
6	子供や孫のスポーツ観戦	61%
7	投資アドバイザーに相談	59%
8	投資向き美術品の勉強	53%
9	礼拝に参列	52%
10	ジョギング	47%
11	お祈り	47%
12	マクドナルドやバーガーキングで食事	46%
13	ゴルフ	45%
14	講話を聞く	43%
15	教会行事に参加	37%
16	親戚のお年寄りの世話	35%
17	ウォルマートやケーマートで買い物	31%
18	日曜大工	31%
19	宝くじ	27%
20	サックスフィフスアベニューで買い物	26%
21	高級ワインの勉強、収集	25%
22	テニス	23%
23	インターネットで買い物	22%
24	聖書を読む	22%
25	ブルックスブラザーズで買い物	19%
26	シアーズやJCペニーで買い物	17%
27	四輪駆動自動車でドライブ	5%

報告されています（http://www.webmd.com/balance/features/good-friends-are-good-for-you）。

スタンフォード大学のデビッド・スピーゲル教授が、1989年に「Lancet」誌に発表した研究では、ガンのサポートグループに参加したガン患者の女性の生存率は、参加しなかった人の2倍であり、痛みも軽減されたとの結果を報告しています。友人が少ない若い人は、お酒やドラッグに走る傾向が高いという調査結果も報告されています。また友人が多い人は心臓発作からの回復が早いというのです。

つまり、**家族や友人と過ごす時間を増やすことは、精神的なリラックスや健康の増進に繋がり、仕事にも集中できる**というわけです。その上、豪華なパーティーや買い物にお金を費やすよりも、居間や食卓でおしゃべりをすることにはお金がかかりません。節約したお金を投資に回すことができるので、さらに合理的です。

家族と一緒になって、ペットと遊ぶことは、さらにリラックス効果を増進します。Robert Wood Johnson FoundationとHarvard School of Public Healthの研究によれば、ストレスを抱えたアメリカ人の47％はペットと時間を過ごすことで、ストレスが軽減されたと答えています（http://www.rwjf.org/content/dam/farm/reports/surveys_and_polls/2014/rwjf414295）。

お金持ちは、無意識で、合理的に資産を増やし、健康を増進し、自分の生活を、精神的にも豊かにする行動を選択しているのです。

仕事に追われるサラリーマンは、家族や友人と過ごす時間を軽視しがちですが、それは、体の健康の点から見ても、仕事の効率や創造性の点から見ても、実は間違った選択だということです。ストレスを溜《た》めて体を壊してしまったら、仕事もできませんし、勉強だって不可能です。ストレス解消にお金を使い、そのお金を稼ぐために仕事をするのでは本末転倒です。

欧州の職場は、富裕層のように大変合理的な考え方をします。サラリーマンに、いきなり辞令を出して、家族の事情を考慮せずに転勤を強制することはまずありません。家庭生活がメチャクチャになってしまったら、その人の生産性は下がり、会社にとっても本人にとっても良くないことを知っているからです。転勤を頼むときは、家族の事情も考慮するのが一般的ですし、会社によっては転勤先で、配偶者の仕事まで用意します。

そうした方が、社員の生産性が上がるので、会社にとっても本人にとっても良いことを知っているからです。

また、有給休暇も消化するのが当たり前ですし、子供の学校や、配偶者の誕生日に早退する、というのも当たり前です。これも、**家族との関係が良くなった方が、生産性が高まる**、という考え方が下地になっています。不安定な時代だからこそ、ワークライフバランスを踏まえて、家族や身近な人との関係を、重要視しなければなりません。

投資と節税の勉強に時間を費やす

億万長者のライフスタイルの上位に、資産運用や投資の研究が入っているのも意外な感じがしますが、これは、現在のニューリッチたちも同じです。時間を費やしているのは、レジャーやパーティーではありません。最も重要視していることの一つは、地道で粘り強い資産管理と投資、さらに、節税の方法の勉強なのです。

クレディ・スイスの「Global Wealth Report 2014」(http://economics.uwo.ca/people/davies_docs/credit-suisse-global-wealth-report-2014.pdf)でも、主要国のほとんどで、豊かになっている人々は、株式や不動産への投資によるキャピタルゲインで財をなしていることがわかります。資産リッチになる人々が、投資から富を得る傾向は今後もしばらく変わりそうにないので、資産を築きたければ、投資をする他ありません。

しかし、ここで重要なのは、**取り組むべきなのは「投機」ではなく、あくまで「投資」である点です。**「投機」は、短期的に利益を得ることを目標とする活動であり、タイミングを見極めて、株式や債券を得るという、極めてギャンブル性の高い活動です。短期でリターンを得られる可能性もありますが、お金を失ってしまうリスクも高いのです。

「投資」は、株式や不動産などの、長期的な成長を考慮してお金を投じる行動のことです。様々な要素をじっくりと学び、リスクを最小限にして利益を得る活動なので、リターンは中間か低く、忍耐力と、冷静な判断力が必要です。

アメリカの大富豪であるウォーレン・バフェット氏は、長期投資で知られていますが、投資で大事なことは、地道な調査と忍耐であり、短期的に利益を得る魔法などない、と言い切っています（http://www.inc.com/minda-zetlin/warren-buffett-advice-forget-get-rich-quick-here-s-how-to-get-rich-slow.html）。

投資をするには、投資アドバイザーの力を借りたり、うまくいっている人の真似をしたりする方法もありますが、経済の仕組みの「根本」を理解しないで、大事なお金を投じてしまうのは危険です。それは、ボートの運転の仕方をまったく知らずに、いきなり太平洋横断の旅に出てしまうようなものです。まずは大学学部レベルの専門書を購入し、自分で基本を学ぶのが大切です。語学学習やダイエットと同じく、投資にも近道はないのです。

また**投資と並行して重要なのは、節税対策です**。日本のサラリーマンは源泉徴収に慣れているので普段税金のことを十分勉強しませんが、節税はお金を稼ぐことと同じです。あくまで合法な手段で、お金を賢く節約するのが節税です。

政府が発表している一次情報をじっくりと読んで自分で対策を練る方法もありますが、その道のプロである税理士さんや会計士さんの力を借りる方法も有効です。お金を払ってプロの知識を得ることで、時間を節約できますし、結果的に大きな金額を節約できる可能性が高いからです。

付加価値を生むものにお金を使う

億万長者のライフスタイルの上位には、買い物がないことに気がつかれたでしょうか?

彼らは、**「買い物」=「消費」にはお金を使わない**のです。

消費というのは、「買ってしまったらそこで終わり」のものやサービスにお金を使うことを指します。例えばトイレットペーパーはお尻を拭いてしまえば終わりですから、一つ1万円もするトイレットペーパーにお金を使うのはバカげています。安い家具は10年ほどしたら古ぼけてしまい、使い物にならなくなります。しかし、何年経っても価値が減らないものや、むしろ価値が高まるものを買って使っていたらどうでしょうか?

その代表は、アンティーク家具です。もともと質の良い素材で丁寧に作られた家具は、きちんと手入れをしていれば何十年ももつのです。イギリス、イタリア、スペイン、ドイツ、フランスの中流以上の家庭にお邪魔すると、ある程度お金がある家でも、古い家具を使っているお宅がけっこうあり、驚くことがあります。１９３０年代に作られたタンス、１９４０年代のコーヒーテーブル、１９６０年代の食卓などを普段から使っているのです。

これは、単に彼らがアンティークが好きだからという理由ではありません。家族から譲られた家具を使えば、新しいものを買う費用を節約できます。昔の家具は今のような合板で作られていないので、ニスを塗ったり、削り直したりすれば何十年も使えます。さらに良いアンティーク家具は、売りに出せば、それなりの値段がつくので、良い投資にもなるのです。実用性もあって投資価値もある、という一石二鳥です。

もっとお金を節約したい人は、自ら家具補修のコースに通って自分でアンティーク家具を直します。欧州にはそういうコースを提供する学校があり、気楽に通うことが可能です。カルチャーセンターで古代史やハワイアンを習う代わりに、**何か価値を生む知識を学ぶためにお金を使う**のです。家具補修は休日の趣味にもなりますので、お金の節約になります。

お金の使い方にシビアな人が多いイギリスでは、地上波のテレビの昼間や休日の放送時間には、アンティークのオークション番組が大量に放送されています。日本の番組のようにショーアップされた派手な番組ではなく、実際にプロのオークションで値段がつく様子が放送されます。

番組をずっと見ていれば、何年に作られたどんな感じの商品なら、相場はどれくらいかがわかるようになります。ときどきプロの鑑定士による、商品の年式の見方の解説もあり、大変実用的です。お金にシビアな中流以上の人々は、こういう番組を熱心に見て、様々な地方のアンティーク市場、チャリティーショップを回って掘り出し物を探し、オークションにかけて儲けるのです。趣味と実益を兼ねた賢いお金と時間の使い方といえるでしょう。

日本では車は数年ごとに買い換えることが珍しくなく、消費財のような扱いですが、車を買う時も、**資産として価値が出るものを買うのが重要です**。例えば、私の仕事仲間の一人は、ポルシェを所有しています。とはいっても、新車ではなく、中古をどこからか探してきて、自分や知り合いの手を借りてオーバーホールするのです。人気のある車種だと何年か経つと、買った時よりも値段が高くなっていることがあるので、割の良い投資なのです。

所有している間は、ときどき乗って出かけることも可能ですし、ポルシェなので、ホテルやレストランでの扱いも悪くありません。この人はある分野の技術者ですが、お金の使い方がうまいので、イギリスの高級住宅地に2軒も家を持っていて、3回も離婚していますが、奥さんたちにはきちんと慰謝料や生活費を払っています。それでも生活は苦しくはありません。

ストレス解消のためにネットを巡回する際も、お金を生むような情報を得られるサイトを見ることを趣味にすれば一石二鳥です。例えば、割引情報が載ったサイト、経済情報、商品の値段の比較サイトなどを丹念に見て回れば、お金がまったくかからない暇つぶしになる上、節約や投資の情報も得られます。そして、得た情報を自らブログにまとめて、広告費を得る仕組みにすれば、お金を稼ぐことだって可能です。

新築住宅を購入するのは負債を抱えるのと同じ

お金持ちは不動産の買い方も上手です。例えばイタリアやイギリスでは、中国やインド、ロシアのお金持ちたちは新築住宅を買いません。それには理由があります。新築住宅は、昔建てられた家に比べると資産価値が上がりにくいからです。

ヨーロッパは日本のように地震や台風がありませんので、数百年前に建てられた貴族の館やお城が健在です。過去に建てられた豪華な建物というのは、現在では職人が少ないため作ることが難しい装飾が施されていたり、かつての持ち主や住人による「逸話」がおまけとしてついてきます。

例えば、何々家の当主が住んでいた、何々王が住んでいた、歴史的事件があった、などです。そういった「逸話」は、いくらお金を出しても新しい建物では入手することができません。また歴史のある建物は、かつての城下町やマーケットタウン（古くから交易が盛んな町）にあるため、周囲の景観や環境が整っています。そのような周辺環境も資産価値を上げる要素の一つです。

お金持ちたちは、歴史的な建物の装飾品、逸話、周辺環境などは、時間が経てば経つほど付加価値を生むことを知っているので、わざわざ古い建物を買うのです。

例えば、イギリスのキャメロン元首相、ＢＢＣで超人気だった自動車番組「Top Gear」の司会者だったジェレミー・クラークソン氏は、チッピング・ノートンに住んでいます。その他にも、メディア王であるルパート・マードック氏の娘であるエリザベス・マードック氏、イギリスの大手ゴシップ雑誌である「News of the World」元編集長のレベッカ・ブルックス氏、イギリスの大手携帯電話販売会社Carphone Warehouseの創業者であるチャールズ・ダンストン卿、イギリスの有名バンドであるブラーのアレックス・ジェームズ氏なども住んでいます。

チッピング・ノートンは、蜂蜜色の建物が並ぶメルヘンチックでクラシックな村が広がるイギリスの有名観光地、コッツウォルズの近くです。イギリスの中央部にあり、西オックスフォードシャーという地域にあります。

イタリアのローマ郊外の大邸宅や、観光客に大人気のトスカーナ地方の由緒ある邸宅の持ち主は中国のお金持ちたちです。20代、30代という若い人たちが、そういう邸宅を現金で買うのです。彼らはわざわざイタリアで住宅を新築したりしません。古くて由緒ある家に付加価値があることを理解しているからです。

日本の場合、新築のマンションや家を買いたがる人がいますが、それは、貴重なお金を使う上で、賢い選択なのかどうか、よく考える必要があります。

総務省統計局が5年ごとに行っている「住宅・土地統計調査」によれば、2018年の住宅全国総数6240万7000戸のうち約849万戸が空き家で、空き家率は13・6％と過去最高を更新しました。野村総合研究所は、2033年の空き家率に関する予測を発表しています。日本の空き家率の増加が収束していく場合でも空き家は約17・9％、世帯数が減少し住宅の除却・減築が進まない場合は約25・2％になるという恐ろしい結果です。アベノミクスで新築マンションや住宅の市場が活性化していたのは、都内のごく一部だけです。少子高齢化が進んでいるので、郊外からは人が減り、世帯が減るので空き家が増える一方です。家が余っていくのは目に見えているのに、それでも、新築のマンションや一戸建てを買う人がいます。

イギリスでは取引される住宅の実に95％が中古住宅です（http://www.economicsonline.co.uk/Competitive_markets/The_housing_market.html）。アメリカ統計局によれば、2013年に取引された住宅510万件中、新築は約43万件にすぎませんでした（http://www.psmag.com/business-economics/inside-japans-disposable-home-market-88133）。

欧州やカナダ、アメリカ、オーストラリアでは、住宅は「投資」として購入しますが、日本の住宅は、彼らからは「使い捨ての家」と呼ばれているほどです。住宅を投資として購入する人々は、住宅の価格が上がることを考えます。引退するときには家を売って老後の資金の一部にすることが珍しくありません。**株式と同じように、投資の一部として家を買うのです。**

あくまで投資なので、子供に現金を渡す代わりに、マンションや家を買って与える親もいます。

そのため、コスト削減のために家の改修を自分で行うことも珍しくありません。そのため、アメリカ、カナダ、イギリス、オーストラリア、欧州各国には、郊外に行くと、巨大なホームセンター（大工道具屋）があり、プロ仕様の材料や道具が揃っています。プロ向けの建築機材や道具のレンタルも盛んです。書店には家の改築方法や競売への参加方法が事細かに解説された雑誌が並び、ケーブルテレビでは、一日中家の改築方法を説明する番組が流れているチャンネルがあるほどです。家の改築は資産作りの手段の一つであると同時に、趣味でもあるのです。

中古市場が活性化していない日本では、都心のごく一部を除いて、新築マンションや住宅は、買ったその日から資産が目減りしてしまいます。5000万円、30年返済の住宅ローンを抱えても、日本の住宅の平均的な寿命は26年です。30年後に売りに出そうと思っても資産価値があるのは土地だけで、資産が増えるどころか、売り値は買った時よりも安い、ということが珍しくありません。

郊外の家だと、今後少子高齢化で人口が減っていくことを考えると、土地の値段がさらに低下する可能性もあります。郊外なので都心への通勤に不便ですし、人が減っていくので消費者が減ります。魅力のある店舗は地元から撤退し、ますます人が減ります。税収が減るので自治体のサービスは悪化し、ますます人が減るという悪循環です。

その上、老朽化した住宅の保全費用もバカになりません。耐用年数が長い欧州の住宅に比べると、日本の住宅は建材が安物なので、床を削り直したり、壁を漆喰《しっくい》で塗り直すことができません。木造住宅の場合は、湿気の多い日本では、床や柱が腐ることもあります。建て替えるのにもたくさんのお金がかかります。さらに恐ろしいのが、日本は地震や台風という自然災害のリスクも高いということです。

スイスのSwiss Reは、世界の大手保険会社に保険を提供する「保険会社の保険会社」と呼ばれている会社です。保険会社も自社のサービスに保険をかけるのです。同社が自社の災害マッピングシステムを使用して、全世界616の主要都市の自然災害リスクを調査したところ、東京と横浜は、世界で最も危険な都市であることが判明しました。そのリスクの大きさは、ホットスポットと呼ばれているメコンデルタ地域や、サンフランシスコなどと比べてもはるかに高く、地震のリスクは、中東や欧州とは比較にならない大きさです(図32)。

図32 災害により影響を受けた都市

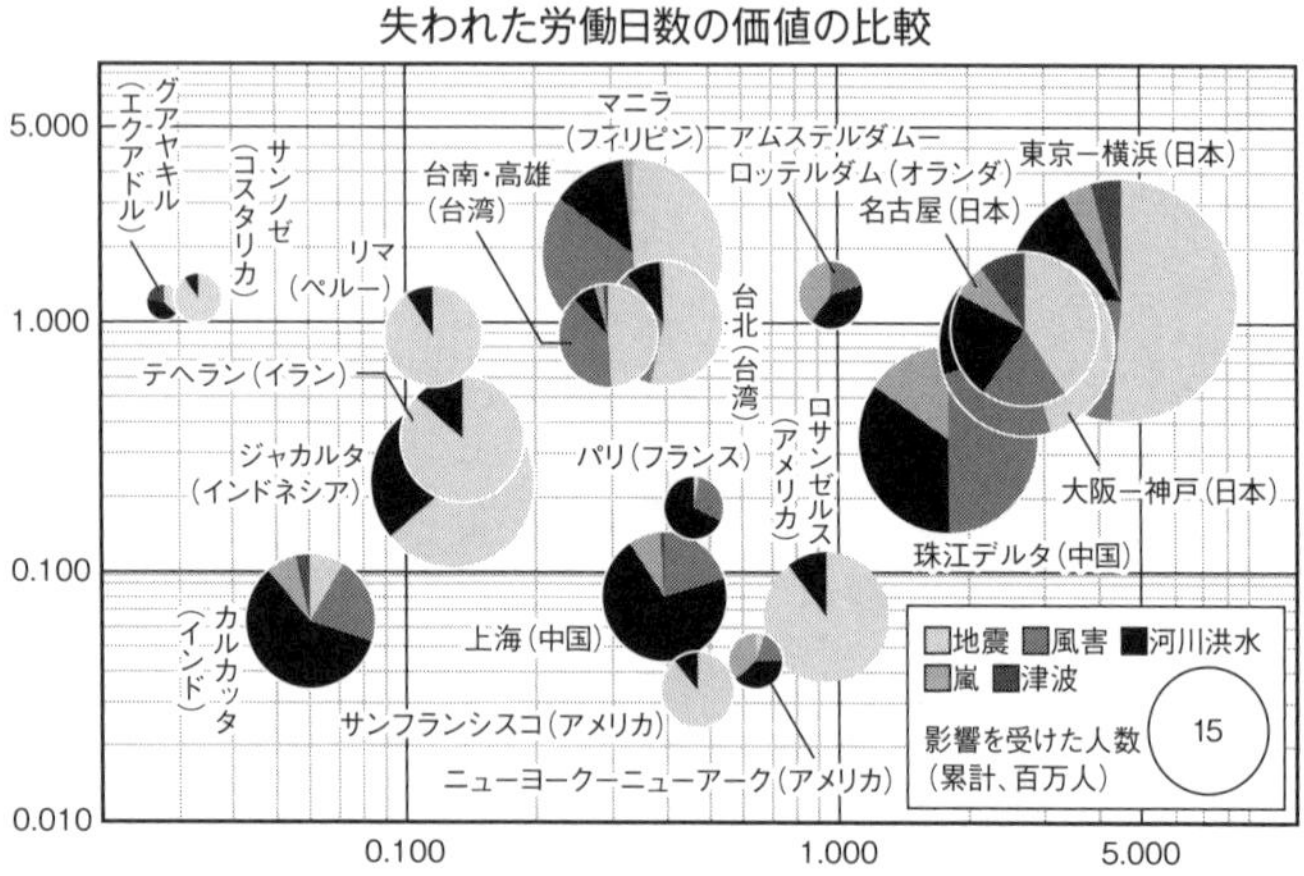

http://media.swissre.com/documents/Swiss_Re_Mind_the_risk.pdf

仕事であれば、取引先の財務状況や、工場を建てる場所のリスクなどを丹念に調べるにもかかわらず、自分が住むところとなると、なぜか、地震や台風のリスクを考えない人が少なくありません。もし大きな地震が起きたら、苦労して買ったマンションや家が倒壊してしまうリスクだってあるのです。地震保険をかけていても、再建は大変ですし、集合住宅の場合は、住民の合意が取れず、再建不可能になってしまう可能性もあります。さらに、自分で所有する不動産だと、いらなくなっても、誰かに「はい、どうぞ」と、売ることはできません。大きな地震があった土地は、いくら安くしても売れないという可能性もあるでしょう。

買ってすぐに「負債」になってしまうのであれば、新築を買わないで、激安賃貸を次々と住み替える方が合理的かもしれません。賃貸であれば、災害にあっても、住み替えは難しくありません。新築を買わないで節約したお金は投資に回したり、資産価値が上がっている海外の住宅購入に充てるという方法も考えられます。

所得ではなく資産で考える

これは、住宅にも関係することですが、サラリーマンの中には、自分の豊かさを、所得（フロー）で考え、資産（ストック）で考えない人が少なくありません。

フローとは「流れ」という意味で、一時的なもの、という意味です。ストックとは「備蓄」という意味で、保存するものという意味です。サラリーマンの家計の場合、フローは毎月のお給料です。ストックは、持ち家や車、テレビ、冷蔵庫、株券、服、パソコンなどになります。

自分が本当にお金持ちかどうか考える場合には、**「自分は資産（ストック）でどれぐらいお金があるのかな？」と考えなければなりません。**

例えば、ざっくりですが、月収100万円あっても、毎月の支出が80万円以上で、住宅ローンが6000万円ある人と、月収が30万円で、毎月の支出が20万円、住宅ローンが完済した親の家に住んでいるので、家賃もローンもゼロの人と、どちらがお金持ちでしょうか。資産の点から見た場合には、お金持ちなのは月収30万円の人の方です。

月収100万円の人は、毎月入ってくるお給料は多いのですが、出ていくお金も多いので、貯金がなかなかできません。現在の貯金はたった30万円です。家財は高級ブランド時計や高級イタリア製家具ですが、質屋の評価額は20万円です。マンションのローンが6000万円もあります。完済するのは30年後。しかし現時点での評価額は1000万円です。ローンが終わる頃には評価額は今より下がっているでしょうし、そもそも、30年もローンが払えるのかどうかわかりません。豊かそうに見えますが、月収100万円の人の実質の豊かさはなんとマイナス4950万円。資産よりも負債（＝借金）の方が多いのです。

図33　月収100万円の人

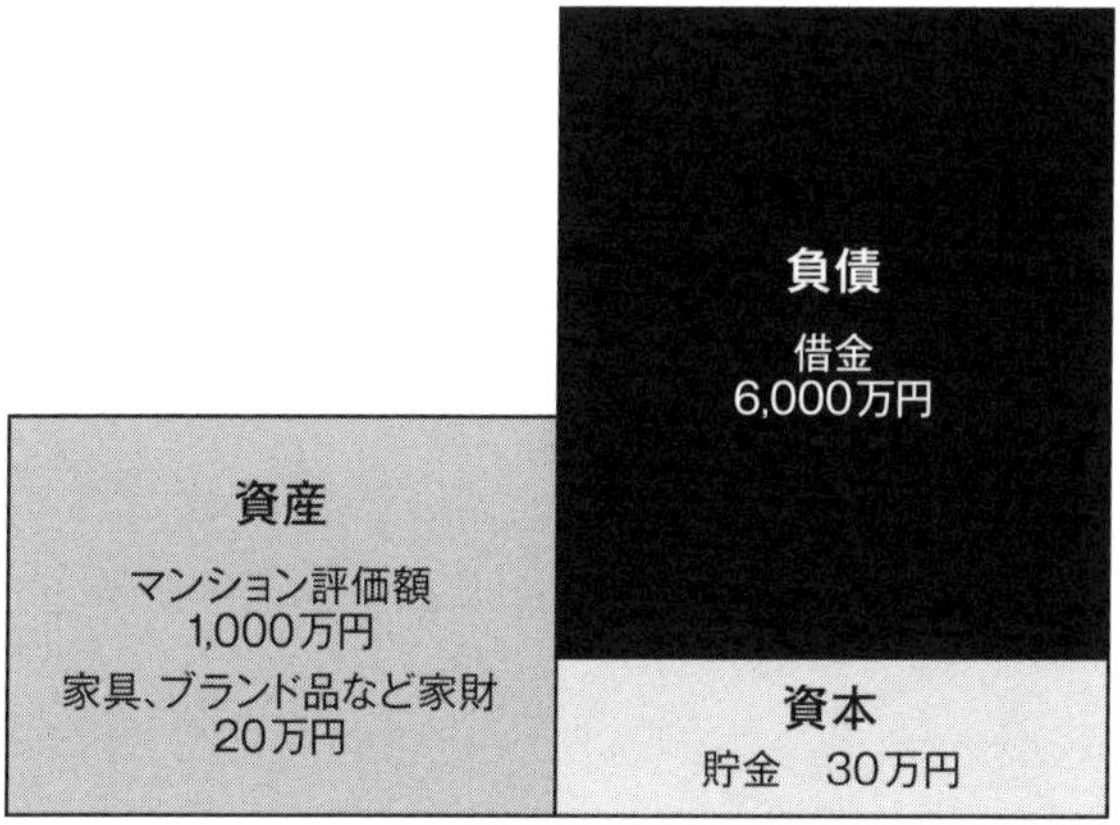

実質の豊かさ＝**−4,950万円**(1,000+20+30−6,000)

図34　月収30万円の人

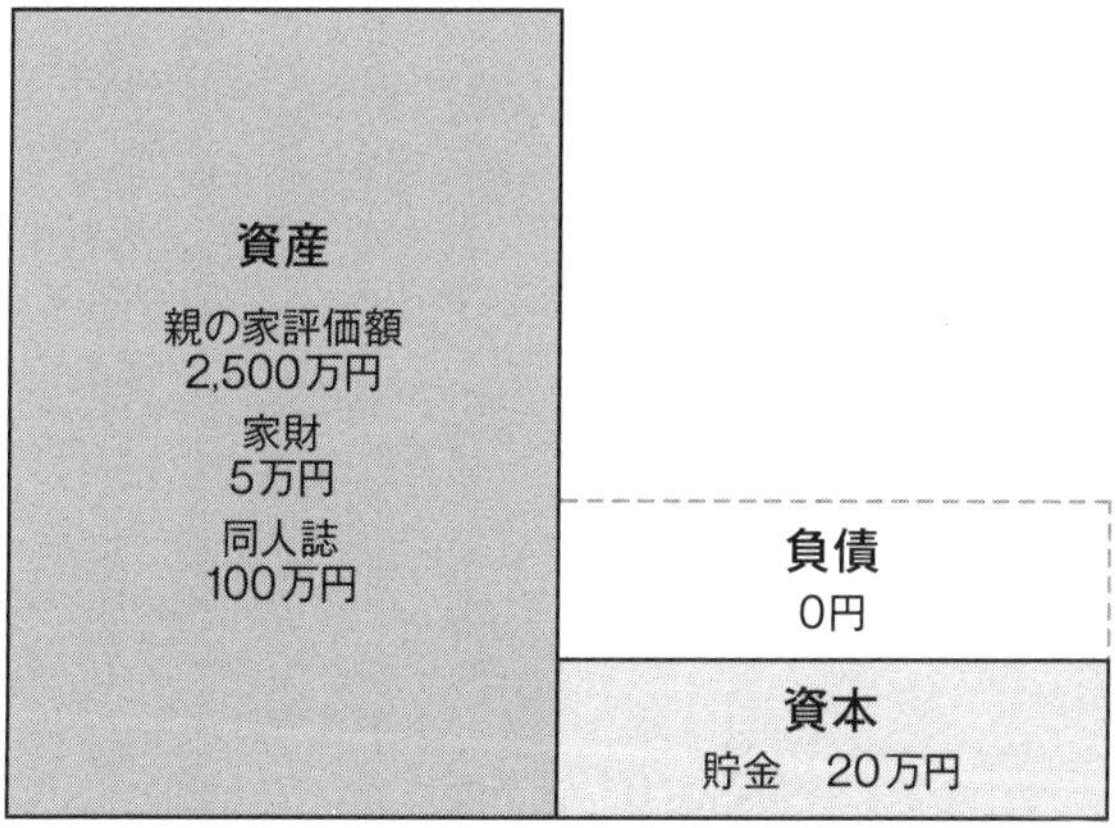

実質の豊かさ＝**2,625万円**(2,500+5+100+20)

月収30万円の人は、親の家に住んでいるのでローンはゼロです。家の評価額は2500万円です。貯金は20万円です。家の中には高級品はないので、質屋による家財の評価額は5万円です。趣味も兼ねて、年々プレミアムがついていく同人誌を買い集めており、今すぐ売ると100万円になります。年を経るごとに値上がりしますので大変賢いお金の使い方です。住宅ローンは一切ない上、家賃も払わなくてすむので、いざ会社をやめても、アルバイトをすればなんとか食べていくことは可能です。一見ワーキングプアのような月収30万円さんの実質の豊かさは、なんとプラス2625万円です。負債（=借金）よりも資産の方が多いのです。

不安定な時代だからこそ、年収いくら、で考えるのではなく、**自分の経済的豊かさは、住宅や持っているものを含め、「資産で考えたら一体いくらになるか？」という視点で考えなければなりません。**将来に備えるならば、「消費」（=使い捨てるトイレットペーパーを買うお金）を極力減らし、「資産」（=年々プレミアムがつく同人誌）にお金を使うべきです。

さらに、固定費（家賃、光熱費、駐車場代、家の維持費、家具の代金）などは極力減らすのも節約への近道です。固定費を減らすには、田舎に移住する、プロバイダを頻繁に替えて割引プランを活用する、所有しないで借りて済ます、という方法が考えられます。固定費を減らす、という動きは、日本だけではなく他の先進国でも流行しています。図35は「借りて済ます」サービスの例です。

ニューリッチにサービスを提供するビジネスを考える

グローバリゼーションとテクノロジーの進化が引き起こしているのは、ごく一部のトップ層に富が集中し、それがかつてないほど速いスピードで進むということです。インターネットにより、ごく少数のスーパースターは、世界中の顧客から富を集めやすくなった一方で、その他大勢の同業者の得られる報酬は減っているのです。

例えば、ネット動画により、アーティストは以前よりも多くの顧客から報酬を得ることが可能になりました。イギリスのヘビーメタルバンドであるアイアン・メイデンのファンは、中東やインドにもいます。このバンドは、中東やインドでもツアーを行っており、その人気は、年々高まる一方です。イギリスでのコンサートには、ヨーロッパ各地からのみ

図35 「借りて済ます」サービス一覧

海外のサービス

- airbnb(https://www.airbnb.jp)
  一般住宅の一室、もしくは全部をホテルとしてレンタル
- onefinestay(https://www.onefinestay.com)
  一般の人が所有する豪華住宅のレンタル
- Uber(https://www.uber.com/jp/ja/) 一般車両をタクシーとして提供
- TURO(https://turo.com) 近所の人から車をレンタル
- BlaBlaCar(https://www.blablacar.co.uk)
  車の相乗りサイト。長距離や海外へも相乗り可能
- TaskRabbit(https://www.taskrabbit.com)
  近所の人に家事や大工仕事など様々な仕事を頼む、もしくはやってあげる
- Nimber(https://www.nimber.com)
  一般の人が他人の荷物を運んであげるサービス
- BLUEbikes(https://www.bluebikes.com) 一般の人が自転車を共有し合う
- Spinlister(https://www.spinlister.com)
  一般の人が自転車、スキー板、サーフボードをレンタル
- Zipcar(https://www.zipcar.co.uk) 一般の人が車を共有し合う
- Streetbank(https://www.streetbank.com)
  近所の人とものをレンタルし合う
- DogVacay(https://dogvacay.com) ペットシッターのレンタル
- appearhere(https://www.appearhere.co.uk)
  店舗や商用スペースのレンタル
- Optix(https://www.optixapp.com)
  コワーキングスペースの机を一時的にレンタル
- parkonmydrive(https://www.parkonmydrive.com)
  空いている駐車場をレンタル
- Vinted(https://www.vinted.com) 服の交換や販売

国内サービス

- akippa(https://www.akippa.com) 空いている駐車場のレンタル
- スペースマーケット(https://spacemarket.com) あらゆる場所をレンタル
- airCloset(https://www.air-closet.com) 服のレンタル
- TIME TICKET(https://www.timeticket.jp) 時間のシェア
- ココナラ(https://coconala.com) スキルやノウハウの共有
- ANYTIMES(https://anytimes.co.jp) サービスのレンタル
- Voyagin(https://www.govoyagin.com) 旅行ガイドのレンタル
- ラクサス(https://laxus.co) バッグのレンタル

ならず、中国やフィリピン、ロシア、サウジアラビアからもファンが駆けつけます。ネットにより、世界の隅々にいるファンが動画やアルバムに触れることができるようになったことが原因です。コンサートチケットは高騰し、より多くの富を得られるようになりました。しかし、その一方で、グローバルな市場にアピールできないバンドは、CDが売れず、苦境に苦しんでいます。

この現象は、19世紀にイギリスの経済学者のアルフレッド・マーシャルが発見していた法則です。マーシャルは、資本主義が進む中で、アート界で値段がトップクラスの絵画の値段が上がる一方、その他の絵画の値段はそれほど上がらないという法則を発見しました。**経済が世界規模になることで、富が、より価値のあるものに集まりやすくなったのがその結果です。**現在はそれが、かつてない速さと規模で進んでいるのです。これは音楽業界に限ったことではなく、法律事務所、医療、メディア、不動産など、ありとあらゆる業界に及んでいます。

例えば、ロンドン中心部の不動産の60％は外国人投資家が所有し、パリ、ニューヨーク、バンクーバー、シンガポールなどの不動産は高騰しています。少子高齢化で空き家問題が騒がれる日本とは大違いです。これらの都市は、外国人でも不動産への投資がしやすく、安定した金融市場と法の統治、魅力のある富裕層のコミュニティがあるため、投資家のお金が世界から集中するのです。

この傾向はコロナ後も激化していく可能性があります。新型コロナワクチンのような高度な技術を必要とするワクチン開発で、アメリカとイギリスが他の国に先んじて高い研究力があることが証明されたからです。庶民の暮らしは苦しくなる可能性がありますが、その一方で、富裕層にはなれなくても、そこそこ豊かになりたい人は、この流れをビジネスチャンスとして捉える考え方もあります。富が集中している人々にサービスや商品を提供したり、そのような製品やサービスを提供したりする業界で働くのです。

例えば、ロンドンのCandy & Candyは、兄弟で経営する小さなインテリアコーディネーション企業でしたが、不動産を改築して転売するビジネスを始め、早い時期に新興国の富豪にフォーカスしたビジネスを展開し、富を築きました。その顧客には、ウクライナの資源富豪であるリナト・アフメトフ、カザフスタンの銅で財をなしたウラジミール・キム、カタールの首相、アイルランドの不動産開発事業者であるレイ・グリーンなどを含みます。

イギリスの執事養成学校と、執事派遣会社には、かつてないほどのブームが訪れています。執事の業界団体であるThe International Guild of Professional Butlersによれば、イギリスでは１９３０年代には約３万人の執事がいましたが、80年代までに１００人以下に減ってしまいました。減少した理由は、イギリスの国力低下により、富裕層がかつてほど豊かではなくなったこと、相続税の改正により、貴族の資産繰りが厳しくなったことです。しかし、現在では、新興国のニューリッチ層が、イギリスの伝統ある執事を求めています。

Bespoke Bureau社（http://www.bespokebureau.com）では、住み込みの執事、高級ヨット専門の執事などの育成もしており、トレーニングの費用は6日で１６００ポンド（1ポンド＝約１８０円で約28万円）と高額ですが、採用後の報酬を考えた場合、大変安い投資です。執事は未経験に近い初心者で年収４万５０００ポンド（約８００万円）、トップエンドの執事になると年収16万ポンド（約２８００万円）です。執事の業界団体であるThe International Guild of Professional Butlersの求人情報は、その多くが中東の湾岸地域や中国、アメリカでの募集であり、アラビア語や中国語を話すことを応募の条件にしているポストも少なくありません（http://www.butlersguild.com/staff/current-jobs/）。

イギリスの平均年収は５００万円に満たないので、サラリーマンとしてのキャリアに見切りをつけて、執事になる人も出てきています。

ここ数年、日本で家電製品やブランド品を大量に買って帰る中国人観光客が増えています。日本のメディアにより彼らの行動は「爆買い」と揶揄《やゆ》されていますが、笑っている人たちは、自らビジネスチャンスを逃しているのです。お金を使ってくれる人たちは大事なお客様であり、日本がすでに「物価の安い国である」という現実、新興国には日本の中間層以上に豊かな消費者が大量にいるという現実を理解できない人は、今後ますます貧しくなっていくだけなのです。

COLUMN

ライフスタイルジョブという選択

英語圏では「ライフスタイルジョブ」という言葉があります。これはすなわち、お金のためではなく、ライフスタイル＝生き方、としてやっている仕事のことを指します。

ライフスタイルジョブを選ぶ人には、大きく分けて3つのグループがあります。

まず1つめは、お金のことにこだわらず、自分のやりたいことをやる人たち。このような人たちの多くは、お金を稼ごうと思って働いていないので、それほどお金は持っていません。しかし、お金や地位といった、世俗的なものに対する執着があまりなく、それ以外に、何か自分が好きなことや、入れ込む対象があります。時にはビジネスが成功し、利益にはこだわりがなかったのにもかかわらず、大金持ちになってしまうこともあります。

2つめのグループは、自分のライフスタイルに合わせて仕事を選ぶ人たちです。小さな子供を抱えた人、劇団をやっているので時間が自由になる仕事をする人、サーフィンの合間に仕事をしたいので海辺の仕事を選ぶ人、腰痛持ちなので体の負担にならない仕事を選ぶ人、親の介護と両立するためにオンラインでカスタマーサービスの仕事をする人、対人関係が苦手なので人と一切話さなくてすむ機械のメンテナンスの仕事を選ぶ人、夜型なので夜間のネットワーク監視の仕事を選ぶ人、通勤が面倒なので家で自営業をしている人、インドネシアが好きなのでバリ島でオンライン英会話の先生をする人などです。

このグループには、「会社に勤める」「誰かに雇われる」ことが合わなかったので、自分のライフスタイルに合わせたビジネスを始めた人たちも含みます。例えば、イギリスのハードロックバンドであるMotorheadのリーダーだったレミー・キルミスター氏は、様々なバンドをクビになってしまったため、自分でバンドを結成し、事業として運営していました。

1つめのグループと同じく、お金や地位に執着はありませんが、なんらかの強い信念や趣味よりも、自分の望む暮らし方に合わせて仕事を選ぶのが特徴です。

3つめのグループは、事業や遺産相続で巨額の富を手に入れたため、これ以上お金のために働く気のない人たちが取り組む仕事です。その多くは、社会やコミュニティに貢献するものです。例えば、ビル・ゲイツ氏のように事業からはほぼ引退して行う財団の運営、ソニー創業者の一人、井深大氏が晩年に取り組んでいた児童教育業務などです。

成功した人が寄進する文化のあるイギリスやアメリカ、カナダでは、富を手に入れた人が、大学を経営したり、福祉施設に寄付したり、財団を運営して若い人や発展途上国の支援をしたりすることが盛んです。これは、どの国ももともとキリスト教が母体の文化が下地になっていることと関係があります。戦後になって近代福祉制度が十分整備される前は、各地域の教会が福祉を提供する役割を担っており、地域の篤志家は、教会を通して福祉に貢献したり、直接手を述べたりしていたという文化が根づいているからです。

図36はライフスタイルジョブの例です。

図36 ライフスタイルジョブの例

公的な意義やコミュニティに貢献するもの

- 開発援助専門家
- 学校の教師
- 医療関係職員
- 福祉施設職員
- 財団の職員
- 非営利団体職員
- リサイクル専門家
- 自然エネルギー発電企業のオーナー
- 地域復興に取り組みたい役所の職員
- 教会の牧師

趣味を追求するもの

- 同人作家
- 有機農業
- サーファー
- 屋台経営
- 音楽家
- 画家
- 冒険ツアーの添乗員
- 電子書籍作家
- 伝統工芸製作者
- スカイダイバー
- ジャングルジムセンターの経営
- 手工芸作品の制作と販売
- 音楽スタジオ経営
- こだわりのあるカフェ経営
- カスタムバイク製作者
- ミリタリー収集家
- プロゲーマー
- YouTuber
- 傭兵
- 登山家

ライフスタイルに合わせたもの

- オンラインのカスタマーサービス
- 在宅データベース開発者、ウェブデザイナー
- オンライン英会話の先生
- 投資家
- B&B経営
- データセンターの夜勤
- ライター
- ビルメンテナンス
- 探偵
- イーコマースを営む自営業
- ブロガー
- アフィリエイター

信念や政治的目的を追求するもの

- 宗教家
- 環境活動家
- 動物保護活動家
- 政治活動家
- 政党職員
- 政治家

ライフスタイルジョブという考え方は、英語圏ではかなり前から存在しています。その理由は、日本とは異なり、個人主義が徹底しているからです。

個人主義とは、個人個人が、自分の自立した考えを持って、自分でものごとを決定していくことを指します。第2章でも触れた文化人類学者のエドワード・T・ホール氏が指摘するように、アメリカやイギリスなどの、個人主義を重要視するアングロサクソン圏は、ローコンテクストカルチャーに属します。ローコンテクストカルチャーとは、他人を最初から考え方が異なる「異物」として捉える文化圏なので、詳細をはっきり伝えないと、意思の疎通ができない、という社会のことを指します。つまり、同じ血族、同じ会社、同じ学校に所属していても、ストレートなコミュニケーションが基本であり、「同じ所属であること」の意味が薄い文化だともいえます。

この文化圏では、所属するグループよりも、その人の考え方や技能が、その人を判断するツールとして重要視されます。したがって、その人が個人の意思で、どんなライフスタイルや仕事を選択しても、周囲はあれこれ介入してきません。つまり、個人がハッピーになるのであれば、他人に迷惑をかけない限り、好きなライフスタイル、好きな仕事を選びなさい、ということです。このような考え方は、アメリカやイギリス、カナダなどでは、起業家精神が盛んであることと深い関係があります。周囲が、その人に「社会的に従うべきライフスタイル」を押しつけないのであれば、新しい事業に挑戦したり、新しい製品の開発をしたりしやすいからです。起業家精神の養成とは、いくら学校で教育を施そうが、政府が補助金を出そうが、社会の構成員の考え方が変わらない限りは、盛んにならないのです。

一方で、日本やインドのようなハイコンテクストカルチャーは、その反対です。この文化圏では、社会の基本単位は集団です。ハイコンテクストカルチャーとは、同じ集団の中であれば、はっきりとものを言わなくても意思疎通が可能なことを指します。つまり、それだけ、集団の中における個人の距離が近いのです。このような文化圏では、個人は、その人の考え方よりも、どこに所属するかで判断されます。したがって、周囲は、その人がどんなライフスタイルを選ぶか、どんな仕事をするかに、必要以上に介入してきます。ライフスタイルや仕事が変われば、その人の所属が変わってしまうからです。

ライフスタイルジョブは、お金を重要視してきたアメリカで、2000年以後注目を浴びています。

例えば、マーク・ヘンドリクス氏の『Not Just a Living』(Basic Books 2002)によれ

ば、2000万人に及ぶアメリカの小規模ビジネスのオーナーの90%以上が、お金よりもライフスタイルのために働いていると答えています。

コンサルティング会社であるForrester Consultingが2012年に実施した調査では、10〜49名の従業員を抱えるマイクロ企業の44%が、利益やエグジット（株式で巨額の富を得ること）よりもライフスタイルを重視していると答えています。これは、リーマンショック前に比べると、15%も多く、リセッションにより、考え方を変えた人が増えたことを示しています。

リーマンショックでは、年に1000万〜3000万円以上稼いでいた中〜高収入者が次々と解雇されました。かつてはアメリカの花形産業だった製造業の仕事は次々に海外に移転となり、安定した仕事についていた人々は、無職になってしまいました。アメリカと同じく、イギリスでも、リーマンショック後には多くの人が職を失いました。本書で説明したように、全世界的に非正規雇用の人の割合は増えており、安定した正社員のポジションはどんどん減っています。さらに、正社員とはいっても、今や正社員は簡単に解雇できる対象である国が少なくないために、安定した雇用というのはないに等しいのです。

いつクビになるのかわからないのなら、誰かに雇われるよりも、自分で何かやろう、もしくは、自分が本当にやりたいことに取り組もう、と思う人が増えても不思議ではありません。

さらに、先進国では、お金だけあっても幸せになれるわけではない、と実感した人々が、次々に、お金を稼ぐためのラットレースから降りているというわけです。確かに、たとえ年収1000万円でも、労働時間が一日18時間、夏休みもない、業績評価が毎月ある、という生活では、人間らしい暮らしは無理でしょう。いつクビになるのかわからないのであれば、会社の名前や肩書きにも意味がありません。

日本でも若い人を中心に、ライフスタイルジョブを選ぶ人がいるようですが、日本人がまず認識すべきなのは、安定した雇用というものはないということ、そして、大事なのは、自分が幸せになるのは、自分が求めることに取り組むことであって、「周囲」が期待する役割を演じることではない、ということでしょう。今こそ日本人は、個人主義の本当の意味を理解しなければなりません。

本書は２０１５年10月に弊社から発刊された『日本人の働き方の９割がヤバい件について』を、加筆修正のうえ改題したものです。

谷本真由美 （たにもと まゆみ）

神奈川県生まれ。公認情報システム監査人（CISA）。シラキュース大学大学院国際関係論および情報管理学修士。ロビイスト、ITベンチャー、経営コンサルティングファーム、国連専門機関情報通信官、金融機関などを経て、情報通信サービスのコンサルティング業務に従事。専門はITガバナンス、サービスレベル管理、システム監査、オフショア開発及び運用管理、多国籍チームの管理、情報通信市場および規制調査。日本、イギリス、アメリカ、イタリアの現地組織での就労経験。現在はロンドン在住。ツイッター上では、May_Roma（めいろま）として舌鋒鋭いツイートで好評を博する。趣味はハードロック／ヘビーメタル鑑賞、漫画、料理。

著書に『キャリアポルノは人生の無駄だ』（朝日新聞出版）、『日本が世界一「貧しい」国である件について』（祥伝社）、『世界のニュースを日本人は何も知らない』（ワニブックス）、共著として『添削！ 日本人英語』（朝日出版社）などがある。

日本人が知らない
世界標準の働き方

2021年4月6日　第1版第1刷発行

著者	谷本真由美
発行者	岡 修平
発行所	株式会社PHPエディターズ・グループ 〒135-0061　江東区豊洲5-6-52 TEL 03-6204-2931 http://www.peg.co.jp/
発売元	株式会社PHP研究所 東京本部　〒135-8137　江東区豊洲5-6-52 普及部　TEL 03-3520-9630 京都本部　〒601-8411　京都市南区西九条北ノ内町11 PHP INTERFACE　https://www.php.co.jp/
印刷所・製本所	図書印刷株式会社

　ISBN 978-4-569-84931-7